Publisher's note

Ancient Chinese classic poems are exquisite works of art. As far as 2,000 years ago, Chinese poets composed the beautiful work *Book of Poetry* and *Elegies of the South*. Later, they created more splendid Tang poetry and Song lyrics. Such classic works as *Thus Spoke the Master* and *Laws Divine and Human* were extremely significant in building and shaping the culture of the Chinese nation. These works are both a cultural bond linking the thoughts and affections of Chinese people and an important bridge for Chinese culture and the world.

Mr. Xu Yuanchong has been engaged in translation for 70 years. He won the Lifetime Achievement Award in Translation conferred by the Translators Association of China (TAC) in 2010, and won the "Aurora Borealis" Prize for Outstanding Translation of Fiction Literature, conferred by the Federation of International Translators (FIT) in 2014. He is honored as the only expert who translates Chinese poems into both English and French. After his excellent interpretation, many Chinese classic poems have been further refined into perfect English and French rhymes. This collection of Classical Chinese Poetry and Prose gathers his most representative English translations. It includes the classic works *Thus Spoke the Master, Laws Divine and Human* and dramas such as *Romance of the Western Bower, Dream in Peony Pavilion, Love in Long-life Hall* and *Peach Blooms Painted with Blood*. The largest part of the collection includes the translation of selected poems from different dynasties. The selection includes various types of poetry. The selected works start from the pre-Qin era to the Qing Dynasty, covering almost the entire history of classic poems in China. Reading these works is like tasting "living water from the source" of Chinese culture.

We hope this collection will help English readers "understand, enjoy and delight in" Chinese classic poems, share the intelligence of Confucius and Lao Tzu (the Older Master), share the gracefulness of Tang poems, Song lyrics and classic operas and songs and promote exchanges between Eastern and Western culture. We also sincerely invite precious suggestions from our readers.

出版前言

　　中国古代经典诗文是中国传统文化的奇葩。早在两千多年以前，中国诗人就写出了美丽的《诗经》和《楚辞》；以后，他们又创造了更加灿烂的唐诗和宋词。《论语》《老子》这样的经典著作，则在塑造、构成中华民族文化精神方面具有极其重要的意义。这些作品既是联接所有中国人思想、情感的文化纽带，也是中国文化走向世界的重要桥梁。

　　许渊冲先生从事翻译工作70年，2010年荣获"中国翻译文化终身成就奖"，2014年荣获国际译联颁发的"北极光"杰出文学翻译奖。他被称为将中国诗词译成英法韵文的唯一专家，经他的妙手，许多中国经典诗文被译成出色的英文和法文韵语。这套"许译中国经典诗文集"荟萃许先生最具代表性的英文译作，既包括《论语》《老子》这样的经典著作，又包括《西厢记》《牡丹亭》《长生殿》《桃花扇》等戏曲剧本，数量最多的则是历代诗歌选集。这些诗歌选集包括诗、词、散曲等多种体裁，所选作品上起先秦，下至清代，几乎涵盖了中国古典诗歌的整个历史。阅读和了解这些作品，即可尽览中国文化的"源头活水"。

　　我们希望这套许氏译本能使英语读者对中国经典诗文也"知之，好之，乐之"，能够分享孔子、老子的智慧，分享唐诗、宋词、中国古典戏曲的优美，并以此促进东西文化的交流。也敬请读者朋友提出宝贵意见。

PROJECT FOR TRANSLATION AND PUBLICATION
OF CHINESE CULTURAL WORKS

中国文化著作翻译出版工程项目

CLASSICAL CHINESE POETRY AND PROSE

LAWS DIVINE
AND HUMAN

TRANSLATED BY XU YUANCHONG

许译中国经典诗文集

道德经 ｜ 许渊冲 译

五洲传播出版社
China Intercontinental Press

中华书局
Zhonghua Book Company

CONTENTS
目　　　录

PART II

下篇　德经

CLASSICAL CHINESE POETRY AND PROSE

LAWS DIVINE
AND HUMAN

TRANSLATED BY XU YUANCHONG

China Intercontinental Press   Zhonghua Book Company

PREFACE

Li Er, the Old Master (571–500 BC), twenty years older than Confucius(551–479 BC), was a great philosopher of ancient China. His *Laws Divine and Human* of 5,000 words in 81 chapters is an influential philosophical work in the world. This book has many English translations. So far I have read four different versions, namely, *The Way and Its Power* by Arthur Waley Published in 1934, *Lao Zi the Book of Tao and Teh* published by Peking University Press in 1995, *Tao Te Ching* published by Liaoning University Press in 1996, and *the Classic of the Dao, A New Investigation* published by Foreign Languages Press in 1998. All these versions are literal translations, and the key word is phonetically transcribed as "tao" or "dao", except for Waley who translates it as "the way". This cannot be easily understood by the modern reader. In reality, the key word means law, divine law, natural law or truth. In the very beginning of the first chapter of his book, Lao Zi says: "The divine law may be spoken of, but it is not the common law." By common law Lao Zi means those enforced by human beings. So we may see the difference between divine and human laws. The divine law is objective truth which does not depend on human will for its existence, while human laws do. The former may be called natural philosophy, while the latter social philosophy. The former will not change when the latter does. That is the reason why the Old Master says that the divine law is not the common law. Based on such interpretation, I have translated the Old Master's *Laws Divine and Human* as I understand it, so that it may be easily understood by the modern reader.

What is the divine law? The Od Master says in Chapter 4 that the divine law is formless, its use is inexhaustible; it is endless, whence come all things. That is to say, the divine law is abstract, empty and formless, but it can be embodied in concrete things, so its use is inexhaustible like an unfulfillable abyss, for it is deep, bottomless, endless, boundless, whence come all concrete things. Thus we see the divine law inwardly and outwardly.

In Chapter 37 the Old Master says that the divine law will not interfere, so there is nothing it cannot do. Non-interference is an important principle of the Old Master's philosophy. Only when the law does not interfere can all things develop freely. So the law should always be inactive so as to let all things be active. The activity of all things is the result of the law's inaction or non-interference. The law's inaction provides the condition for the activity of all things. When we say there is nothing the law cannot do, we mean that the activity of all things are the embodiment of the divine law. In Chapter 2 the Old Master says more concretely, "Therefore the sage does everything without interference, teaches everyone without persuasion, and lets everything begin uninitiated and grow unpossessed. Everything is done without being his deed, and succeeds without being his success." And the Old Master sums up in Chapter 57: "Therefore the sage says, 'If I do nothing wrong, the people will go the right way.'" Thus we see "to rule by inaction or non-interference" is an important principle of the Old Master's political philosophy.

As a result of inaction, the Old Master advocates non-contention. In Chapter 8 he says, "The highest good (virtue) is like water. Water benefits everything by giving without taking or contending. It likes the low place others dislike, so it follows closely the divine law." Here virtue is compared to water which flows to a low place without contending for a high position. Thus the virtue of non-contention conforms to the divine law. In Chapter 22 the Old Master says, "He who does not show himself is seen everywhere. He who does not assert himself is well-known. He who does not boast wins success. He who is not proud can lead. As he contends for nothing, none in the world could contend with him." This further illustrates his principle of non-contention or his economic philosophy. If nobody should contend for personal gain or selfish profit, then there would be a lasting peace in the world.

How can the principle of non-contention be carried out? The Old Master puts forward the rules to be observed in Chapter 19: "Be simple and plain, selfless and desireless." If you can control or subdue your desire, of course you will not contend for personal profit. That is the reason why the Old Master says in Chapter 1, "So we should be free from desires in order to understand the internal mystery of the divine law, and we should have desires in order to observe the external manifestaions." Only when you understand the divine law inwardly and outwardly can you be selfless and desireless.

How can we control or subdue our desire? The Old Master puts forward his principle of contentment in Chapter 33: "It needs observation to know others but reflection to know oneself. Physically strong, one can conquer others; mentally strong, one can conquer oneself. Content, one is rich." That is to say, if you know yourself through reflection, you will become mentally strong and conquer yourself. Content, you can control your desire. In Chapter 46, he further says, "No crime is greater than insatiable desire, no woe is greater than covetise. If you know contentment comes from being content, you will always have enough." That is to say, if you are mentally content, then you will have enough material.

Non-interference, non-contention, desire-control and contentment are the four important principles of the Old Master's philosophy. Objectively, the Old Master is a dialectic relativist. For instance, he says in Chapter 2, "For 'to be' and 'not to be' coexist, there cannot be one without the other: without 'difficult' there cannot be 'easy'; without 'long' there cannot be 'short' ;without 'high' there cannot be 'low' ... The contrary completement each other". Here we see his theory of relativism. In Chapter 22 he further says, "Stooping, you will be preserved; wronged, you will be righted. Hollow, you will be filled; worn out, you will be renewed. Having little, you may gain; having much, you may be at a loss." Hence his theory on the soft and the hard.

In Chapter 43 the Old Master says, "The softest thing in the world can penetrate the hardest." This is the basis of his military philosophy. In chapter 78 he further says, "Nothing in the world is softer and weaker than water, but nothing is better to win over the hard and the strong, for it cannot be replaced. The weak may surpass the strong and the soft may surpass the hard. It is wellknown to the world, but none can put it into practice." This is true even today. For instance, some hegemonic power tries in vain to conquer the world by force, because it does not know the reason why the weak may surpass the strong.

It was said that once Confucius asked the Old Master for advice, who opened his toothless mouth without saying anything, but Confucius understood that he meant the soft outlasts the hard. Hearing of this story, Xin Qiji (1140–1207) wrote the following stanza:

The hard may not be strong,

While the soft may last long.

See into my open mouth if you think me wrong:

The teeth are lost before the tongue.

According to the *Weekly Book Review* (September 7,1999), 75 Nobel Prize winners who gathered together at Paris in 1988 made a statement to the effect that mankind should seek wisdom from Confucius if they wish to live a peaceful happy life in the 21st century. In my opinion, the wisdom of Confucius may include the advice he got from the Old Master, that is, the supremacy of the soft over the hard and the principles of non-interference, non-contention, desire-control and contentment. Therefore, the publication of this modernized version of the Old Master in this new era of globalization may bring a new light from old Chinese culture and make a new contribution to the peace-loving mankind.

Xu Yuanchong

November 1, 2003

Peking University, Beijing, China

PART I

Chapter I

The divine law may be spoken of,

but it is not the common law.

(Truth can be known,

but it may not be the well-known truth

or

Truth can be known,

but it may not be the truth you known.)

Things may be named,

but names are not the things.

In the beginning heaven and earth are nameless;

when named, all things become known.

So we should be free from desires

in order to understand the internal mystery of the divine law;

and we should have desires

in order to observe its external manifestations.

Internal mystery and external manifestations

come from the same origin,

but have different names.

They may be called essence.

The essential of the essence

is the key to the understanding of all mysteries.

Chapter II

If all men in the world know what is fair,
then they know what is unfair.
If all men know what is good,
then they know what is not good.
For "to be" and "not to be" co-exist,
There cannot be one without the other:
without "difficult", there cannot be "easy";
without "long", there cannot be "short";
without "high", there cannot be "low";
without sound, there can be no voice;
without "before", there cannot be "after";
The contrary complement each other.

Therefore the sage does everything without interference,
teaches everyone without persuasion,
and lets everything begin uninitiated and grow unpossessed.
Everything is done without being his deed,
and succeeds without being his success.
Only when success belongs to nobody
does it belong to everyone.

Chapter III

Honor on man
so that none would contend for honor.
Value no rare goods
so that none would steal or rob.
Display nothing desirable
lest people be tempted and disturbed.
Therefore the sage rules
by purifying people's soul,
filling their bellies,
weakening their wills
and strengthening their bones.
He always keeps them knowledgeless and desireless
so that the clever dare not interfere.
Where there is no interference,
there is order.

Chapter IV

The divine law is formless,

its use is inexhaustible.

It is endless,

whence come all things;

where the sharp is blunted,

the knots are untied,

the glare is softened,

all look like dust.

Apparent,

it seems to exist.

I do not know whence it came;

it seems to exist before God.

Chapter V

Heaven and earth are ruthless,

they treat everything as straw or dog.

The sage is ruthless,

he treats everyone as straw or dog.

Are not heaven and earth like a pair of bellows?

Empty, it won't be exhausted;

Forced, more air will come out.

If more is said than done,

it would be better to take the mean.

Chapter VI

The vale spirit never dies.
It is the mysterious womb.
The door to the mysterious womb
is the origin of heaven and earth.
It lasts as if it ever existed;
when used, it is inexhaustible.

Chapter VII

Heaven and earth exist for ever.
The reason why they exist so long
is not that they want to exist;
where there is no want,
to be and not to be are one.
Therefore for the sage
the last becomes the first,
the out becomes the in.
As he is selfless,
all become his self.

Chapter VIII

The highest good is like water.
Water benefits everything by giving
without taking or contending.
It likes the place others dislike,
so it follows closely the divine law.
The place should be low,
the mind broad,
the gifts kind,
the speech trustworthy,
the rule sound,
the deed well-done,
the action timely.
Without contention,
a man is blameless.

Chapter IX

Don't hold your fill
but refrain from excess.
A whetted and sharpened sword
cannot be sharp for ever.
A houseful of gold and jade
cannot be safeguarded.
Arrogance of wealth and power
will bring ruin.
Withdrawal after success
conforms to the divine law.

Chapter X

Can body and soul united
never sever?
Can the controlled breath
be softened as a baby's?
Can the purified mental mirror
be free from blemish?
Can a people-loving ruler not interfere
in the state affairs?
Can the lower doors not open and close
as the upper doors in heaven?
Is it possible to understand and make understand
without knowledge?
Give life and make live,
but lay no claim,
benefit but do not interfere,
lead but do not rule,
Such is the mysterious virtue.

Chapter XI

Thirty spokes radiate from a hub.

When there is nothing in the hub,

the wheel can roll.

Turn clay to make a vessel.

When empty,

the vessel can be used.

Build a room with doors and windows.

When empty,

the room can be used as dwelling.

When there is something, it is beneficial;

When empty, it is useful.

Chapter XII

The five colors may confuse the eye.

The five sounds may deafen the ear.

The five tastes may spoil the palate.

Riding and hunting may madden the mind.

Rare goods may tempt one to do evil.

Therefore the sage satisfies the belly rather than the eye.

He prefers the former to the latter.

Chapter XIII

Praise and blame disturb the mind;

Fortune and misfortune affect the body.

Why is the mind disturbed?

Praise and blame are like ups and downs.

The mind is troubled with rise and fall.

So is it troubled by praise and blame.

How can fortune and misfortune affect the body?

Because we have a body.

If we had not a body,

how can we be affected?

If you value the world as your body,

then the world may confide in you.

If you love the world as your body,

then the world may be entrusted to you.

Chapter XIV

What cannot be seen is invisible,
What cannot be heard is inaudible,
What cannot be touched is intangible.
These three, unfathomable,
blend into one.
Up, it is not bright;
down, it is not dark.
Like a nameless endless string,
it ends in nothing.
It is a formless form,
an image of nothing.
It seems to be and not to be.
Before it, you cannot see its front;
after it, you cannot see its rear.
Ruling over the present with the law of the past,
you can know the beginning of antiquity.
Such is the rule of the divine law.

Chapter XV

The ancients followed the divine law,
subtle, delicate, mysterious, communicative,
too deep to be understood.
Not objectively understood,
it can only be subjectively described.
The ancients were circumspect as crossing a frozen river,
watchful as fearful of hostile neighbors,
reserved as an unacquainted guest,
softened as melting ice,
natural as uncarved block,
vacant as a vale,
and obscure as a muddy stream.
Who could calm the turbid water?
It could be slowly turned clean.
Who could stir the stale water?
It could be slowly revived.
Those who follow the divine law
will not be full to the brim.
Only those who do not go to excess
can renew what is worn out.

Chapter XVI

Do your utmost to be empty-minded
and hold fast to tranquillity.
All things grow,
I see them return to nature.
Multiple as things are,
they return to their root.
Their root is tranquillity;
to return to it is their destiny.
To submit to one's destiny is the rule;
to know the rule is wisdom.
Those who act against the rule
will harm themselves.
Those who understand will pardon,
and to pardon is justice.
Justice is perfect,
and perfection belongs to heaven.
Heaven is the divine law,
and the divine law is eternal.
Men may pass away, but the law will never.

Chapter XVII

What is the best rule?

None knows there is a ruler.

What is the second best?

The ruler is loved and praised.

What comes next?

He is feared.

Still next?

He is disobeyed.

For he is not trustworthy enough or not at all.

For long he should spare his speech.

When things are done,

he should let people say that all is natural.

Chapter XVIII

When the divine law is not followed,
good and just men are needed.
When falsehood is practised,
true and wise men are needed.
When the family is at odds,
filial sons and kind parents are needed.
When the state is at stake,
loyal officials are needed.

Chapter XIX

If sagacity were not praised,
people would be benefited a hundredfold.
If morality were not advocated.
sons would be filial and parents kind.
If ill-gotten wealth were rejected,
no thieves or robbers would appear.
These three things
should not be adorned in good words.
So the following rules should be observed:
be simple and plain,
selfless and desireless,
unlearned and unworried.

Chapter XX

How far away is yes from no?
How far away is good from evil?
What others fear,
can I not fear?
How far are they from the center?
The multitude are merry as enjoying a sacrificial feast
or climbing the height in spring.
Alone I am so inactive as to show no sign,
innocent as a baby who cannot smile,
indifferent as a homeless wanderer.
All men have more than enough;
alone I seem to have noting left over.
What I have is a fool's heart!
The vulgar seem in the light;
alone I am in the dark.
The vulgar seem observant;
alone I am dull.
The multitude are useful;
alone I am useless and indolent.
Different from others,
I value the mother* who feeds.

---

*the divine law

Chapter XXI

The content of great virtue

conforms to the divine law.

The divine law is something

which seems to be and not to be.

What seems to exist and does not exist?

It is the image.

What seems not to exist but exists?

It is the image of something.

What seems deep and dark?

It is the essence.

The essence is very true,

for we believe in it.

From ancient times to present day

its name cannot be erased

so that we know the fathers of all things.

How can I know

what these fathers look like?

By means of this.

Chapter XXII

Stooping, you will be preserved.

Wronged, you will be righted.

Hollow, you will be filled.

Worn out, you will be renewed.

Having little, you may gain;

having much, you may be at a loss.

So the sage holds on to one to be the model for the world.

He does not show himself,

so he is seen everywhere.

He does not assert himself,

so he is well-known.

He does not boast,

so he wins success.

He is not proud,

so he can lead.

As he contends for nothing,

none in the world could contend with him.

Is it not true for the ancients to say,

"Stooping, you will be preserved"?

It is indeed the whole truth to which lead all the ways.

Chapter XXIII

It is natural to speak little.

A wanton wind cannot whisper all the morning;

a sudden rain cannot howl all the day long.

Who has made them so?

Heaven and earth.

Heaven and earth cannot speak long,

not to speak of man.

Therefore, those who follow the divine law

conform to it;

so do those who follow the human law,

and those who imitate heaven.

Those who conform to the divine law

are welcome to the divine;

those who conform to the human law

are welcome to the human;

those who conform to heaven

are welcome to heaven.

Some are not trustworthy enough,

some, not at all.

Chapter XXIV

One who stands on tiptoe cannot stand firm;

who makes big strides cannot walk long.

One who sees only himself has no good sight;

who thinks only himself right cannot be recognized.

One who boasts of himself will not succeed;

who thinks himself superior cannot be a leader.

In the light of the divine law

such behavior is like superfluous food.

It is disliked by those who follow the divine law.

Chapter XXV

There was chaos
before the existence of heaven and earth.
Void and vast,
independent and changeless,
moving in cycle,
it may be the mother of heaven and earth.
I do not know its name
and call it the divine law
or perfunctorily style it the great.
The great will pass away,
passing implies a long way,
and however long, the way will return in the end.
So the divine law is great,
so are heaven and earth,
and so is man.
There are four things great in the universe,
and man is one of them.
Man imitates earth,
earth imitates heaven,
heaven follows the divine law,
and the divine law follows nature.

Chapter XXVI

The heavy is the base of the light;
the still is the lord of the rash.
So the sage goes all day long
without leaving his heavy baggage.
Though with glory in view,
he stays light-hearted.
Why should a ruler of ten thousand chariots
make light of the country?
Light, the base will be lost;
so will be a rash ruler.

Chapter XXVII

Good deeds leave no traces.

Good words exclude mistakes.

Good at counting, none uses counters.

A good lock without a bolt

cannot be opened.

A good knot tied without strings

cannot be untied.

Therefore, a sage is good at helping people

without rejecting anyone.

He is good at saving things

without abandoning anything.

This is called invisible wisdom.

Thus a sage is the teacher of common people,

and the common people are the stuff for good men.

If the teacher is not honored and the stuff not valued,

even a wise man will be at a loss.

This is the essential secret.

Chapter XXVIII

Learn to be hard as man
and remain soft as woman
like a stream in the world.
This stream in the world
will not depart from the way of virtue
but rejuvenate to its infancy.
Learn to be bright and remain in the dark,
and try to be a model for the world.
A model for the world
will not stray from the way of virtue
but stretch to infinity.
Learn to be glorious and remain humble
like a vale in the world.
A vale in the world
will be fulfilled with constant virtue
and return to simplicity.
Simplicity may be diversified into instruments.
When a sage uses the instruments,
he becomes the ruler.
There should be unity in the rule of the great sage.

Chapter XXIX

If anyone tries to take the world by force
and interfere with it,
I do not think he can succeed.
The world is a sacred realm
not to be interfered in.
Anyone who interferes in it will fail,
and who tries to keep it will lost it.
For things may lead or follow,
blow high or low,
be strong or weak,
loaded or unloaded.
So the sage will not go to excess,
to extravagance and to extreme.

Chapter XXX

Those who follow the divine law to serve the ruler

will not conquer the world by force.

Conquerors will be conquered in turn.

Where goes the army,

there grow briars and thorns.

After a great war

comes a year of famine.

It is better to achieve good results

than to conquer by force.

Good results never lead to self-conceit,

nor to vain glory,

nor to undue pride.

Good results are something unavoidable,

not achieved by force.

The prime is followed by decline,

or it is against the divine law.

What is against the divine law will end early.

Chapter XXXI

Weapons are tools of evil omen,
detested by all.
Those who follow the divine law will not resort to them.
A worthy man prefers the left in time of peace
and the right in time of war.
Weapons are tools of evil omen,
not to be used by worthy men.
When they are compelled to use them,
the less often, the better.
Victory should not be glorified.
To glorify it is to take delight in killing.
Those delighted in killing
cannot do what they will in the world.
Good omen keeps to the left,
and evil omen to the right.
A lieutenant general keeps to the left,
and a full general to the right
as in the funeral service.
The heavier the casualties,
the deeper the mourning should be.
Even a victory should be celebrated
in funeral ceremony.

Chapter XXXII

The divine law is changeless,

it is nameless simplicity.

No matter how little and simple,

the world cannot subdue it.

If rulers can observe it,

everything will be subject to their rule.

When heaven and earth mingle,

sweet dew will fall.

Not ordered by people,

it falls without prejudice.

When things begin to be named,

names come into being.

The beginning implies the end;

to know the end is to avoid danger.

The divine law will prevail in the world

just as streams flow from the vale to the river and the sea.

Chapter XXXIII

It needs observation to know others,
but reflection to know oneself.
Physically strong, one can conquer others;
mentally strong, one can conquer oneself.
Content, one is rich;
with strong will, one can persevere.
Staying where one should, one can endure long;
Unforgettable, one is immortal.

Chapter XXXIV

The divine law is a stream
overflowing left and right.
All things grow from it,
and it never turns away.
It achieves the deed without the fame.
It breeds all things
but will not claim to be their lord.
So it may be called "Little."
All things cling to it,
but it will not claim to be their master.
So it may be called "Great."
As it never claims to be great,
so it becomes great.

Chapter XXXV

Keeping the great image in mind,
you may go everywhere.
Wherever you go, you bring no harm
but safety, peace and security.
Music and food
may attract travellers.
The divine law is tasteless
when it comes out of the mouth.
It is invisible when looked at,
inaudible when listened to,
and inexhaustible when used.

Chapter XXXVI

Inhale
before you exhale!
Strengthen
what is to be weakened!
Raise
what is to fall!
Give
before you take!
Such is the twilight before the day.
The soft and weak may overcome the hard and strong.
Fish should not go out of deep water.
The sharpest weapon of a state
should not be shown to others.

Chapter XXXVII

The divine law will not interfere,
so there is nothing it cannot do.
If rulers can follow it,
everything will be done by itself.
If there is desire to do anything,
I shall control it with nameless simplicity.
When controlled by nameless simplicity,
there will be no desire.
Without desire, there will be tranquillity,
and the world will be peaceful by itself.

PART II

Chapter XXXVIII

A man of high virtue does not claim he has virtue,
so he is virtuous.
A man of low virtue claims he has not lost virtue,
so he is virtueless.
A man of high virtue does nothing on purpose;
a man of low virtue does nothing without purpose.
A good man does good without purpose;
a just man does good on purpose.
When a formalist does good without receiving response,
he will stretch out his arms to enforce compliance.
So virtue is lost when the divine law is not followed;
humanism is lost after virtue;
justice is lost after humanism;
formalism is lost after justice.
Formalism show the gradual loss of loyalty and faith,
and the beginning of disorder.
Foresight is the superfluous part of the divine low,
leading to ignorance.
Therefore a true great man
prefers the thick to the thin,
the substantial to the superfluous.
He rejects not the former but the latter.

Chapter XXXIX

When one with the divine law,

heaven is clear,

earth is stable,

spirits are divine,

valleys are full,

all creatures are alive,

rulers are noble in the world.

Why are they one with the divine law?

If not clear, heaven would split;

if not stable, earth would quake;

if not divine, spirits would disappear;

if not full, valley would parch;

if not alive, all creatures would perish;

if not high and noble, rulers would fall.

Thus the noble rely on the humble,

and the high is based on the low.

That is why rulers call themselves sole and unworthy.

Do they not rely on the humble as their base?

Is it not true?

Therefore, too much honor amounts to no honor.

We should have no desire for glittering jade

nor for tinkling stone.

Chapter XL

The divine law may go opposite ways;
even weakness is useful.
All things in the world come into being with a form;
the form comes form the formless.

Chapter XLI

Having heard the divine law,
a good scholar follows it;
a common scholar half believes in it;
a poor scholar laughs at it.
If not laughed at, it cannot be the divine law.
Therefore it is said
the way to light seems dark;
the forward way seems to go backward;
the smooth way seems rough.
So high virtue looks like low vale,
infinite virtue seems insufficient,
established virtue seems borrowed,
simplicity seems clumsy.
So purity seems soiled,
a large square seems cornerless,
a great vessel is the last completed,
a great sound is inaudible,
a great image is formless,
an invisible law is nameless.
Only the divine law is good from the beginning to the end.

Chapter XLII

One is the child of the divine law.

After one come two,

after two come three,

after three come all things.

Everything has a bright and a dark side,

co-existent in harmony.

People dislike to be lonely and worthless.

But rulers call themselves the sole and unworthy.

So things may gain when they seem to lose,

or lose when they seem to gain.

I will teach what others teach me.

The brute will die a brutal death.

I will teach this as a lesson.

Chapter XLIII

The softest thing in the world
can penetrate the hardest.
There is no space but the matterless can enter.
Thus I see
the utility of doing nothing.
The teaching by saying nothing
and the utility of doing nothing
are seldom known to the world.

Chapter XLIV

Which do you love better, fame or life?

Which do you like more, health or wealth?

Which will do you more harm, gain or loss?

The more you love, the more you spend.

The more you store up, the more you lose.

As a result, contentment brings no shame;

knowledge of the limit brings no danger.

Thus you can be safe for long.

Chapter XLV

Perfection does not seem flawless,
but it can be used for long.
What is full still has vacancy,
but it can be used endlessly.
The straight may seem crooked;
the most skillful may seem clumsy;
the most eloquent may seem slow of speech.
Be calm rather than rash;
be cool rather than hot.
Serenity is the right way in the world.

Chapter XLVI

When the world goes the right way,
battle steeds are used for tillage.
When the world goes the wrong way,
pregnant mares are used in war.
No crime is greater than insatiable desire;
no woe is greater than coveting.
If you know contentment comes from being content,
you will always have enough.

Chapter XLVII

You may know the outside world
without going out.
You may know the divine law
without looking out of the window.
The farther you go out,
the less you may learn.
Therefore the sage learns all.
Without going far away.
He becomes well-known without looking out,
and accomplishes all without doing anything.

Chapter XLVIII

The more you know of the human world,

the less you know of the divine law.

Less and less you need to know

till nothing need to be done.

When you need do nothing,

there is nothing you cannot do.

If you need do nothing,

then you can rule over the world.

If everything need you to do,

then you cannot rule over the world.

Chapter XLIX

The sage has no personal will;
he takes the people's will as his own.
He is good not only to those who are good,
but also to those who are not,
so all become good.
He trusts not only the trustworthy,
but also those who are not,
so all become trustworthy.
The sage seems simple in the world,
he simplifies all the people's mind.
The people are all eyes and ears;
the sage restores them to their childhood.

Chapter L

From birth to death,

one-third of men live long,

one-third die early,

and one-third live and move near the realm of death.

How can it be so?

For men overvalue a long life.

In fact, those who live long

will not go near rhinos or tigers on land,

nor go to war in armor with shield,

so that rhinos have no use of their horns,

and tigers of their claws,

and soldiers of their swords.

How can it be so?

For they will not come near the realm of death.

Chapter LI

Everything grows in accordance with the divine law;

it is bred in its internal virtue,

formed by its environment,

and completed by external influence.

That is why all things obey the divine law

and value their own virtue.

The divine law is omnipotent and virtue is valuable.

None orders them to obey,

but they obey naturally.

In accordance with the divine law

all things are born and bred in their virtue,

grown up and developed,

completed and matured,

protected and sheltered.

Creation without possession,

action without interference,

leadership without domination,

Such is the mysterious virtue.

Chapter LII

The world has a beginning
regarded as its mother.
If you know the mother,
you can know her sons.
If you know her sons
and still follow the mother,
you may avoid danger all your life long.
Dull your senses
and shut their doors,
you need not toil all your life.
Awake your senses
and satisfy them,
you will be incurable all your life.
Keen sight can see the smallest thing;
supple mind can resist the strongest force.
Make use of light
to restore keen sight
without endangering yourself.
Let this be your habitual practice.

Chapter LIII

Little as I know,
I will follow the great way,
only afraid to go astray.
The great way is even,
but people may like the by-path.
If the court is corrupt,
the fields waste,
and granaries empty,
if lords are magnificently dressed,
carrying precious swords,
satiated with food and drink,
and possessed of fabulous wealth,
they may be called thieves and robbers
not going the right way.

Chapter LIV

What is well established cannot be rooted up;
what is tightly held cannot slip away;
what is worshipped by descendants will continue.
Cultivated in the person,
the virtue is true.
Cultivated in the family,
it is plentiful.
Cultivated in the country,
it is durable.
Cultivated in the state.
it is abundant.
Cultivated in the world,
it is universal.
So judge another man by yourself,
another family by your family,
another country by your country,
another state by your state,
and the world by your world.
How can I know about the world?
Just in this way.

Chapter LV

A man of high virtue
may be compared to a new-born baby.
Poisonous insects do not sting their young,
nor do fierce beasts bite theirs.
The young have weak bones and supple muscles,
but their grasp is firm.
They know nothing about sex,
but their organ can be stirred,
for they have instinct.
They cry all day without becoming hoarse,
for their cry conforms to nature.
Knowing nature, one will be constant in action.
constant in action, one will be wise.
A body full of life is good;
a mind full of vigor is strong.
Anything past its prime will decline.
If you think it not in the right way,
you would be wrong.

Chapter LVI

Those who know do not speak;
those who speak do not know.
Dull your senses
and shut your door;
blunt the sharp
and solve the dispute;
soften the light
and mingle with dust
so as to be one with the mysterious law.
Therefore, none could be your friend or your foe;
none could do you good or harm;
none could honor you or debase you.
So you are honored by the world.

Chapter LVII

Rule the state in an ordinary way,
but fight the war in an extraordinary way.
Win the world by doing nothing wrong.
How can I know this is right?
For the following reasons:
More prohibitions in the world
will impoverish people;
more armed people
will bring more trouble to the state;
more cunning people
will do more shrewd tricks;
more laws and decrees
will make more outlaws.
Therefore, the sage says:
If I do nothing wrong,
the people will go the right way;
if I love peace,
the people will not go to war;
if I do not impoverish them,
they will become rich;
if I have no selfish desire,
they will naturally be simple.

Chapter LVIII

If the government is lenient,
the people will be simple.
If the government is severe,
the people will feel a lack of freedom.
Weal comes after woe;
woe lies under weal.
Who knows the line of demarcation?
There is no absolute norm.
The normal may turn into the abnormal;
the good may turn into evil.
The people are perplexed
for a long, long time.
Therefore the sage is fair and square
without a cutting edge,
thrifty but not exacting,
straightforward but not haughty,
bright but not dazzling.

Chapter LIX

To rule people and serve heaven,
nothing is better than frugality.
Only by frugality
can one conform early to the divine law.
Early conformity means accumulation of virtue;
with virtue accumulated,
there is no difficulty but can be overcome;
with difficulty overcome,
one's power knows no limit.
With unlimited power one can rule the state;
a state called one's motherland can long, long last,
for the sturdy stalk is deep-rooted.
Such is the way of everlasting existence.

Chapter LX

A large state should be ruled as a small fish is cooked.

If the world is ruled in conformity with the divine law,

the spirits will lose their supernatural power.

Not that they have lost their power,

but that their power will do no harm.

Not only will their power do no harm,

but the sage will not harm them either.

Since neither will harm the other,

so virtue belongs to both.

Chapter LXI

A large state lies downstream in a low position,

where run all the steams.

In the intercourse of the world,

the female and win the male

by lying still in a lower position.

So if a large state takes a lower position,

it may win over a small state.

If a small state takes a lower position,

it may win a large state.

So a lower position may win

or win over another state.

A large state will only rule and protect,

and a small state will be ruled and protected.

Both states may attain their end,

so a large state had better take a lower position.

Chapter LXII

The divine law is the key to everything:
the treasure for men of virtue,
the protection for men without virtue.
Fair words can win respect
and fair deeds can influence people.
Even though without virtue,
why should they be abandoned?
Therefore the emperor is enthroned
and the three ministers installed.
Though a chariot of four steeds
preceded by jadewares may be presented,
it is not so good as to proclaim the law divine.
Why should the ancients value the divine law?
Is it not said that who seeks will find
and who sins will be pardoned?
That is why the divine law is valued in the world.

Chapter LXIII

Do nothing wrong!

do a deed as if it were not a deed;

take the tasteful as if it were tasteless.

Big or small, more or less,

any difficulty has an easy part,

any great deed has a small detail.

There is nothing difficult

but consists of easy parts;

there is no great deed

but consists of small details.

Therefore the sage

never tries to be great,

but at last he becomes great.

A rash promise will soon be broken;

much underestimation will entail much difficulty.

Therefore the sage anticipates all difficulties,

so there is nothing difficult in the end.

Chapter LXIV

It is easy to hold what is stable,
to plan before troubles should rise,
to break what is fragile,
to disperse what is small.
Make preparations before things happen;
keep order before disorder sets in.
A huge tree grows out of a small shoot;
a nine-storied tower rises from a heap of earth;
a thousand-mile journey begin with the firth step.
Who is too eager for success will fail,
too eager for gain will lose.
Therefore, the sage does nothing for success
so he will not fail;
he holds nothing too tight to lose.
People engaged in a task often fail on the brink of success.
If cautious from the beginning to the end,
they would not have failed.
Therefore, the sage desires to be desireless;
he never values what is hard to get;
he learns to be unlearned.
He tries to mend the fault of others,
and to help all things develop naturally
without his interference.

Chapter LXV

The ancients who followed the divine law
would not enlighten the public mind
but simplify it.
The people would be unruly
because they are sophisticated.
To rule the state sophistically
is to do harm to it;
to rule it unsophistically
is to do it good.
There are two models of sophistication.
The knowledge of models
is called mysterious virtue.
The mysterious virtue is profound and far-reaching.
It returns to nature with all things,
and becomes perfectly natural in the end.

Chapter LXVI

The sea can lord it over all the streams flowing from the vales,

for it takes a lower position,

so water flows into it from hundreds of vales.

If you want to be higher than the people,

you must learn to be humble in words;

if you want to go before them,

you must learn to stay behind in person.

So when the sage is high above,

the people do not feel his weight;

when he is at their head,

they feel no harm.

That is why the world praises him without getting tired.

As he will not contend,

so none in the world can contend with him.

Chapter LXVII

All the world says my divine law is great,

and there is nothing like it.

Since it is great,

so nothing can be like it.

If there is anything like it,

it would not have been so great.

I have three treasures

which I hold and keep:

the first is magnanimity,

the second is frugality,

and the third is humility to be the last of the world.

The magnanimous can be courageous,

the frugal can be generous,

the humble last of the world

can become leader of the people.

For courage without magnanimity,

generosity without frugality,

the front without the rear

are doomed to failure.

The magnanimous will be victorious in war

and steadfast in defence.

Heaven would favor them

and protect them with magnanimity.

Chapter LXVIII

A good warrior is not violent,

a good fighter is not angry,

a good victor will not yield,

a good leader will be humble.

Such is the virtue of non-contention,

the ability of employing men.

Such is the way to match heaven.

Chapter LXIX

A strategist said:
"I will not take the offensive but the defensive;
I will not advance an inch and retreat a foot."
For this means marching without advancing,
raising arms without striking,
holding when there is no weapon,
and striking when there is no enemy.
No danger is greater that making light of the foe,
which may lead to the loss of my treasure.
When two fighting forces are equal in strength,
the wronged side will win the victory.

Chapter LXX

It is very easy to understand what I say
and put it into practice.
But it is not understood
and not put into practice in the world.
My words show what I worship;
my deeds show whom I serve.
People do not know my words,
so they do not understand me,
Few people understand me,
so I am still the more valuable.
That is why the sage wears plain clothes,
but his heart is pure as jade.

Chapter LXXI

It is good to know that you do not know;

it is wrong to pretend to know what you do not.

Since you know what is wrong,

so you will not be wrong.

The sage is not wrong,

for he knows what is wrong,

so he will do no wrong.

Chapter LXXII

If the people fear no power,

it shows that their power is great.

Do not deprive them of their houses,

nor interfere in their life.

If you do not interfere in their affair,

they will not interfere in yours.

Therefore the sage know himself but does not show off;

he respects but does not overvalue himself.

Thus he prefers that to this.

Chapter LXXIII

Brave and daring, one will be killed;

brave and not daring, one will survive.

Which of the two will do good or harm?

Who knows the reason

why heaven hates one or the other?

It is even difficult for the sage to understand.

In accordance with heaven's divine law,

one may win without contending,

respond without speaking,

come without being summoned.

And silent, one may plan well.

Heaven spreads a boundless net,

and none could escape through its meshes.

Chapter LXXIV

The people do not fear death.

Why threaten them with it?

If they ever fear it,

those who do evil shall be caught and killed.

Who then would do evil again?

It is the executioner's duty to kill.

If you replace him,

it is like cutting wood in a carpenter's place.

How can you not wound your hand?

Chapter LXXV

The people's starvation
results from the ruler' overtaxation,
so the people starve.
The people are difficult to rule,
for the ruler give exacting orders,
so the people are hard to rule.
The people make light of their death,
for the rulers overvalue their own life,
so the people undervalue their death.
Those who have no use for life
are better than those who value their life.

Chapter LXXVI

Man is born soft and weak;
dead, he becomes hard and stiff.
Grass and wood grow soft and supple;
dead, they become dry and withered.
So the hard and strong belong to death;
the soft and weak belong to life.
Therefore a strong army will be annihilated;
a sturdy tree will be cut down.
The soft and weak have the upper hand
of the hard and strong.

Chapter LXXVII

Is not the way of heaven's divine law
like the bending of a bow?
The high string shall be bent
and the bow shall be lifted.
We take from those who have enough and to spare,
and give to those who have not enough.
In accordance with the divine law,
excess shall be reduced to supplement the insufficient.
The human law is otherwise:
man takes from the poor to give to the rich.
Who could give to the world more than enough?
Only the follower of the divine law.
So the sage gives without being the giver,
and succeeds without being the successful,
for he will not be better than others.

Chapter LXXVIII

Nothing in the world is softer and weaker than water,
but nothing is better
to win over the hard and the strong,
for it cannot be replaced.
The weak may surpass the strong.
and the soft may surpass the hard.
It is well-known to the world,
but none can put it into practice.
That is the reason why the sage says:
"Who can bear the humiliation of a state
may become its master;
who can endure the disaster of a state
may become its ruler."
It seems wrong, but it is right.

Chapter LXXIX

Implacable hatred cannot be wholly appeased.

Would it not be better

to return good for evil?

So the sage keeps the receipt

but never demands the payment.

A man of virtue keep the receipt;

a man without virtue exacts the payment.

The divine law is impartial,

but it always favors good men.

Chapter LXXX

A small state with few people

may have hundreds of tools but will not use them.

Its people value their life and death

and will not remove far away.

They may have boats and cars,

but they have no need to ride.

They may have armors and weapons,

but they have no need to use them.

They may return to the age of recording by tying knots.

In an ideal state

people will find their food delicious,

their clothes beautiful,

their houses comfortable,

and their life delightful.

A neighboring state may be within sight,

with cocks' crow and dogs' bark within hearing,

but people will not visit each other

till they die of old age.

Chapter LXXXI

Truthful words may not be beautiful;

beautiful words may not be truthful.

A good man need not justify himself;

who justifies himself may not be a good man.

A wise man may not be learned;

a learned man may not be wise.

A sage does not keep things for himself.

The more he helps others, the more he still has.

The more he gives, the more he keeps.

The divine law

will do all good and no harm.

The way of a sage

is to do what he can but contend with none.

许译中国经典诗文集

道德经

许渊冲　英译
辛战军　中文译注

五洲传播出版社　中华书局

序

　　老子姓李名耳，公元前6世纪人（571—500BC），大约比孔子（551—479BC）早生二十年，是古代中国伟大的哲学家。他的《道德经》五千言，八十一章，是世界上影响巨大的哲学经典。这部书中外译文很多，我只见到英国韦理的译本，国内则有北京大学出版社1995年的《老子道德经》，辽宁大学出版社1996年的《英译老子》，外文出版社1998年的《老子思想新释》等。这些译本多是逐字直译，各有独到之处；但除韦理把"道"解释为"道路"外，其他译本的"道"都是音译。在我看来，"道"字是本书的关键词，如果音译，则本书的精义损失太大，应该用现代人理解的词语来翻译，才能使老子的思想在全世界流传。其实，"道"是天道、道理、真理、自然规律的意思。《老子》第一章开宗明义就说："道可道，非常道。"第一个"道"字指天道或自然规律，第三个"道"字却指人间正道或社会规律。自然规律不依人的主观意志为转移，而社会规律、伦理道德却是根据人的需要来确定的。因此老子说：道非常道。意思就是：天道有常，不为尧存，不为桀亡；自然规律不会因为人的好坏而改变。根据这种解释，我把老子《道德经》重新译成现代读者更容易理解的英文。

　　如何理解"道"呢？《老子》第四章说："道冲，而用之又不盈也；渊兮似万物之宗。"这四句话包括了"渊冲"两个字在内。"冲"者虚也，就是空虚无物，无形无影，却又用之不尽，取之不竭。"渊"者深也，就是广博深奥，包罗万象，所以像是万物的根源。这两个字说明了"道"的内涵和外表。

《老子》第三十七章说："道常无为，而无不为。""无为"不是无所作为，而是不干涉万物的作为，让万物自由发展的意思。所以"道"常无为而万物有为。万物有为是道无为的结果，道无为是万物有为的条件。说"道"无不为，是说万物的作为都是"道"的体现；"道"是抽象的，万物是具体的，万物的所作所为都是"道"的具体化。这是老子重要的哲学思想。第二章中说得更加具体："是以圣人处无为之事，行不言之教。万物作而弗始也，为而弗恃也，成功而弗居也。"这就是说，圣人做事，从不干涉别人；他不说话，却能教育别人。万物不用圣人启动，自然会有所作为；万物生长发展，并不属于圣人所有；万物有所作为，圣人并不居功。所以第五十七章总结说："是以圣人之言曰：我无为而民自化。"这就是说：只要圣人不犯错误，不横加干涉，人民自然会走上正确的道路。无为而治，是老子重要的政治思想。

因为无为，所以不争。《老子》第八章说："上善若水。水善利万物而不争，处众人之所恶，故几于'道'矣。"这里把最高的善德比作水，水对万物有利，而不和万物争利；水往低处流，处在众人不喜欢的地位，而不和万物争夺上方。这种不争的善德，就接近于无为的天道了。第二十二章又说："不自见，故明；不自是，故彰；不自伐，故有功；不自矜，故能长。夫唯不争，故天下莫能与之争。"这就更进一步，说不表现自己，所以看得清楚，别人也能看得明白；不自以为是，反能为人理解；不吹嘘自己，反而能够成功；不居功自傲，反而能够领导别人。如果你不争名夺利，争功夺位，天下还有谁能和你争呢？不争利是老子重要的经济思想。如果国家都像水一样，不和别国争高低；如果人不争夺私利，只利万物，那天下就可以太平了。

如何才能做到不争呢？老子又提出了寡欲的思想。第十九章说："少私寡欲。"可见老子所说的欲，指的是自私自利的欲望，不是利人利己的思想。所以第一章才说："故恒无欲也，以观其妙；恒有欲也，以观其所噭。"因为没有私心和偏见，才能理解"道"内在的奥妙；只有无私的欲望，才能观察"道"外在的表现。

如何才能做到寡欲呢？老子又提出了知足的理论。第三十三章说："知人者智也，自知者明也；胜人者有力也，自胜者强也。知足者富也。"为什么要知足呢？因为知道自己比知道别人更难，战胜自己也比战胜别人更难，在心理上了解自己，战胜自己的欲望，那所得到的满足，可以算是精神上的智者、强者、富者了。第四十六章又说："祸莫大于不知足，咎莫憯于欲得。故知足之足，恒足矣。"这是从反面来说，若不知足，贪得无厌，反而会引起祸事。所以知道应该满足，不该贪得，那反而是富足的。

无为，不争，寡欲，知足，是老子的人生观。客观上说来，老子却具有辩证统一的世界观。如第二章说："有、无之相生也，难、易之相成也，长、短之相形也，高、下之相盈也。"说的就是：有无，难易，长短，高下，都是相对的，没有难就无所谓易，没有长就无所谓短，没有高就无所谓下。所以第二十二章又说："曲则全，枉则直；洼则盈，敝则新；少则得，多则惑。"这就是说：委屈才能求全，矫枉才能得正，空洼才能盈满，破旧才能革新，太少才会增加，太多反会损失。这种相反相成的观点，使老子得出了刚柔相济的结论。

第四十三章说："天下之至柔，驰骋于天下之至坚。"这是老子以柔克刚的军事思想。第七十八章又说："天下莫柔弱于水，而攻坚强者莫之能胜，以其无以易之也。柔之胜刚也，弱之胜强也，天下莫不知，而莫之能行也。"这更用水滴石穿的具体例子，说明柔能胜刚、弱能胜强的道理。这个道理无人不知，但是统治者却无人能行。这话即使到了今天，还有现实意义。例如有的霸权主义国家要用武力统治世界，却失掉了人心，结果到处碰壁，这就是不知道柔能胜刚的缘故。

据说孔子问礼于老子，老子张口不答。孔子看到老子口中有舌无牙，恍然大悟，知道了柔能胜刚的道理。后来宋人辛弃疾写了一首《西江月》，前四句是：

> 刚者不坚牢，
> 柔者难摧挫。
> 不信张开口角看，
> 舌在牙先堕。

说的就是这个故事。

据《中国图书商报》1999年9月7日《书评周刊》中说，1988年有七十五位荣获诺贝尔奖的科学家在巴黎聚会，发表了一个宣言，说21世纪的人类如果要过和平幸福的生活，应该回到二千五百年前的孔子那里去寻找智慧。在我看来，孔子的智慧包括他问礼于老子所得的以柔济刚的道理，还有无为而治、与世无争、清心寡欲、知足常乐的思想。因此，在全球化的新世纪，出版这本现代化的《老子》新译本，也许可以让古老的中国传统文化焕发出新的光辉，对爱好和平的人类作出新的贡献。

许渊冲
2003年11月1日
北京大学

上篇　道经

共三十七章

一　章

道，可道也，非恒道也①；名，可名也，非恒名也②。无名，万物之始也③；有名，万物之母也④。故恒无欲也，以观其妙⑤；恒有欲也，以观其所噭⑥。此两者同出而异名⑦，同谓之玄⑧，玄之又玄，众妙之门⑨。

【章旨】

此章为道经开篇，乃老子向君王介绍其所倡之"道"。一则指出"道"的恒久性，一则指出"道"的玄妙性。并告诫君王，只有虚静无欲，才能明了"道"的玄妙与精深。

【注释】

①道，可道也，非恒道也——前一"道"字为名词，本义指人们行走的道路，由此处到达彼处所遵循的途径。引申而指事物发展进程中所遵循的客观规律，或者说是事物发展变化必然遵从的客观法则。各种事物正是循着客观规律才由小到大，由弱到强，由生到灭的，这恰如循着道路才能由此至彼一样。而这个客观规律是可以感知而不能触及，可以通过现象去认识而不能明察眼见的，所以就借用"道"来命名它。可道，指能够解说得确切明白，清清楚楚。道，说解，解释；用作动词。恒道，指经常不变的、贯通古今的、恒久存在的道。

　　②名，可名也，非恒名也——前一"名"字为名词，指人们为说明事物的形态和性质特征而给予事物的称呼。可名，能够使名称正确地表明事物的本质和形态。名，称名，命名；用作动词。恒名，指能够恒久地表明事物的本质和形态而可以经常行用的名称。

　　③无名，万物之始也——谓天地万物未萌发产生前的含孕化育之初，无象无形，虽生成其物而未明于世，故无名可称。无名，指无名可称，无形可明。始，本指妇女怀孕育子的初起；男女交合而含孕生子，其交合成孕之初即为始。

　　④有名，万物之母也——谓天地万物的孕育成熟而生出于世，则有形可见而有名可称。母，即"乳"。其用作动词，则有产生、生养之义。

　　⑤恒无欲也，以观其妙——无欲，没有私心和欲念。观其妙，即观察明了于天地万物孕育长养的情形。妙，为玄妙幽冥之意，指"道"之化生天地万物。天地万物之孕育长养皆由大道以生之、成之，故察知天地万物之情则能明了大道的幽隐精微，神奇玄妙，而无欲无私才能明圣通达，故能"观其妙"。

　　⑥恒有欲也，以观其所嗷——谓人们在其贪欲旺盛时，只能观看到大道所产生的外现于形的事物。有欲，指人有私心贪欲而不知满足。观其所嗷，指观察大道所产生的世间万物，即"万物之母"，而后可睹其形，可明其状。嗷，孔穴。用作动词，意谓由洞穴涌动而出，引申之而为产生、生出。天地万物所表现出的生成养长的情状和变化，即为"道"的功用的外在体现，其可见可察，故易知易得。人有私欲则障于物而黯于"道"，故只能"观其所嗷"，只能观看到那些外现的事物与情形。

　　⑦此两者同出而异名——谓万物之始孕与万物之产生全都出自大道，即为"道"所造化而成，而其称名则彼此不同。两者，指"万物

之始"与"万物之母"。始乃孕养之初起，母为孕育之结果，故两者同出。始而无名，母则有名，故两者异名。

⑧同谓之玄——指万物之始与万物之母都是玄妙神奇之事，都不是人们所能设计与操控的。玄，玄妙，幽隐。这是老子对"道"的形容，以其幽冥难明而变化神奇，故谓之"玄"。

⑨玄之又玄，众妙之门——指"道"的变化幽冥精深而隐微难明，是非常玄妙、非常神奇的，而它正是世间万物所同出共生的门户。玄之又玄，即神而又神。众妙，指天地万物。天地万物各自存在于不同的环境而具有不同的形态与性质，其千变万化，千差万别，各自展现出独特的风采，故老子称为"众妙"。

【译文】

"道"，如果能够完全解说得确切明白，那它就不会是贯通古今的恒久之道。名，如果能够准确地表明事物的形态和本质，那它就不会是经常行用的恒久之名。（我所宣扬的"道"虽然不可道说其所以然，不可称名其状与形，但它却是亘贯古今、遍及万物的恒久之道。）天地万物在其孕含育养之始，则无形可见亦无名可称；而当其孕育长成而产生于世后，则有形可见而有名可称。只有那些无私无欲之人才能察知明了它的精微玄妙，而那些有欲有为之人则只能看到它所显现出的外象。万物之始孕含育与万物之产生长养虽然同出于"道"，而其名称则并不相同。它们同样都是极其玄妙，极其神奇的。那玄远幽隐、精微神妙的大"道"，乃是世间万物所共由生出的神奇之门。

二　章

天下皆知美之为①，美斯恶已②；皆知善之为，善斯不善已。有、无之相生也③，难、易之相成也④，长、短之相形也⑤，高、下之相盈也⑥，音、声之相和也⑦，先、后之相随⑧，恒也⑨。是以圣人处无为之事⑩，行不言之教⑪。万物作而弗始也⑫，为而弗恃也⑬，成功而弗居也⑭。夫唯弗居，是以不去。

【章旨】

此章从分析有无、难易、长短、高低等事物的相随相生着手，指出美与恶、善与不善总是相互依存和相互转化的。告诫君王千万不要自以为所为所行是美事善事即任意妄为，而应当循守大道而顺乎自然，处无为之事，行不言之教。

【注释】

①皆知美之为——指人人都去做那些被认为是美好的事情。为，作为。

②美斯恶已——美好的事物就会变得不美了。斯，则，就。恶，不美。面貌丑陋曰恶，物有瑕疵曰恶，饭食粗糙曰恶，器物不良曰恶，年成不收曰恶，行为不端曰恶。其词义并不如后世的"恶劣"、"罪恶"等含

有贬义的程度更深更重。已，同"矣"，语助词。

人们所谓的美事、善事，皆为人们主观自我的感觉。在"道"看来，万事万物莫不顺乎自然而发展演变，各循其当行之路，各依其客观规律，本无所谓美与恶、善与不善的区别。如果君王依据自己的好恶欲望去作为那些所谓的美事善事，必定会影响天下之人相率仿效，而如果天下之人都去作为那些美善之事，那么美事就会不美了，善事就会不善了。比如羊肉为美味，若天下之人天天都吃，顿顿都吃，则羊肉之美味就会变得令人生厌。比如盖房造屋以利人居为善事好事，若天下之人家家都造高堂广厦、楼宇殿阁，多伐大木，多毁森林，则必然造成沙尘肆虐而环境恶劣，甚至使得人们难以生存，好事自然也就变成坏事了。老子此言在于告诫人君，无欲无为，顺乎自然乃为大道之要。虽其自认为美善之事，亦不可任意而为。

③有、无之相生——指事物的有与无，即存在与消亡之间的相对成立与相互转化。无而生有，有而成无。相生，彼此生成。既指有与无的相对存在，又指其彼此间的相互转化。

④难、易之相成——指难与易之间相对而言的彼此存在与转化。有难才有易，知易始知难。难可变成易，易可转为难。相成，相互形成，彼此成全，义同"相生"。

⑤长、短之相形——指物形的相互比较而显现其长短，以短而见长，以长而知短。

⑥高、下之相盈——指高与低的不同为相对存在，其彼此间常因增益充盈而出现转化，使高者变低而低者增高。高下，即高与低。

⑦音、声之相和——指发音和听声总是互相应和的，发音则有声，闻声知有音。"音"指口中发出之声，"声"指入耳所听之声。口发音而耳听声，闻其声则必有音，故言"音声相和"。

⑧先、后之相随——指或先或后，二者相随而现。有先必有后，有后须有先。

⑨恒也——指以上所言数事乃是恒久不变的，经常存在的。是对上文所言各种现象的总结之辞。

⑩圣人处无为之事——谓明道之君处理政事即施政治国时总是无欲无为，顺乎自然。圣人，此为老子对于能明通大道而虚静无为之君的特殊称呼。无为，不依个人的心志欲念去作为，而依照事物自身的客观规律去行事。

⑪行不言之教——不言，不依个人的主观意志去制定政策，发布教令。君王既已明知于"道"，深通事物相互依存，彼此转化之理，故其行教理政皆能顺乎自然，循其规律，而不以个人的欲望喜好任意作为。

⑫万物作而弗始——谓明道之君处事行教，不造设不为始，顺乎自然而任由万物遂其个性自由发展。作，兴起，生成。弗始，指不加人为，不为创设。"弗始"即"无为"。

⑬为而弗恃——谓万物自为而圣人不恃。即万物各依其自然而运化成长，而明道之君并不自恃有德，不自以为有恩于物。为，乃成长、发展、运化之意。

⑭成功而弗居——谓万物虽成就其功业而明道之君不自居其功，即所谓不贪天之功为己有。

【译文】

如果天下之人都知道作为那些所谓的美事，那么美事就会变得不美了；如果天下之人都知道作为那些所谓的善事，那么善事就会变得不善了。有与无的相互转化，难与易的彼此促成，长与短的相形而见，高与低的相益而生，音与声的相和相应，先与后的相随相依，这些总是客观存在且恒久不变的。因此，明道之君总是无欲无为，顺乎自然。不依个人的心志欲念去施政治国，不依自己的主观意愿去颁布教令。（总是依顺于事物自身的客观规律去行政施教而不以个人的欲望好恶而妄为兴废。）万物孕育初起时不以己意去造设始兴，万物运化成长时不自以己恩而占为己有，万物成就功业时也不自居其功而矜夸骄盛。你不自居其功，那功德当然也就不会离你而去了。

三　章

不尚贤①，使民不争；不贵难得之货②，使民不为盗；不见可欲③，使民心不乱。是以圣人之治也④，虚其心，实其腹，弱其志，强其骨⑤。恒使民无知无欲也⑥，使夫知者不敢弗为而已⑦，则无不治矣⑧。

【章旨】

此章阐明君王必须首先做到无私无欲，虚静无为，才能循守大道而使天下达于大治。具体而言，就是要"虚其心，实其腹，弱其志，强其骨"。

【注释】

①不尚贤——谓君王不贪爱与聚敛钱财，不矜夸与炫耀权势。尚，崇尚，尊崇，推重。引申为追求，喜好。贤，指财富多，权势大。贤（繁体为賢）字从又从臣从贝，以手执臣、贝者，自然地位高，权势重，财富多。

②不贵难得之货——谓君王不看重那些难得而稀见的财宝，如金、玉、珠、贝等。

③不见可欲——谓君王不显示炫耀那些能够引发人们欲望的东西。见，通"现"，展现，显示；引申为炫耀。可欲，可以引起私心贪

欲的财宝之物。

④圣人之治——指明道之君的治理国家而使其安定和谐。

⑤虚其心，实其腹，弱其志，强其骨——谓君王自己当虚静少欲，卑弱处下，安身全体，坚强自立。

⑥恒使民无知无欲——意谓使民众总是守持其纯真质朴之性，不迎合君王的心志以玩弄其智巧，不傅会君王的好恶以满足其贪欲。知，同"智"。

⑦使夫知者不敢弗为——使那些聪明智能之人既不敢，又不为。既无刚强亢奋之心而志在必得，又无纵欲恣肆之行而贪求争盗。

⑧则无不治——谓如此而行，则国家必然条理秩序，社会必然安定和谐。

【译文】

君王若不喜爱聚敛财富与炫耀权势，那就使得臣民不会各私其利而彼此争夺；君王若不贪爱与追求那些难得稀见的珍宝，那就使得臣民不会偷盗窃取；君王若不显示与炫耀那些可以引发人们贪欲的财物，那就使得臣民淡然虚静，而不会惑乱其心志。所以明道之君治理天下国家的时候，总是虚静自己的心志，充实自己的体腹，卑弱自己的志意，强健自己的筋骨。总是使得广大民众安处于纯真质朴之中而不用智慧，不生欲望；使得那些智能之士既无贪求必得之心，又无恣肆妄行之事。如此而行，天下就会达于大治，社会就会和谐安定。

四　章

道冲①，而用之又不盈也②，渊兮似万物之宗③。挫其锐④，解其纷⑤，和其光⑥，同其尘⑦，湛兮似或存⑧。吾不知其谁之子也⑨，象帝之先⑩。

【章旨】

这一章是对"道"的解说和描述。指出"道"之用虽然渊深广博，有似万物之宗，而"道"之体则无状无象，幽隐难明。亦不知其从何而出，由何而来。

【注释】

①道冲——谓道体的虚无玄妙，若器之虚中而无物。冲，空虚，虚无。

②用之又不盈——指道之行用则无边无际，无可限量。若大器之虚而能受，虽容万物而不可满盈。盈，与"冲"义相对。

③渊兮似万物之宗——意谓大道幽深广大，似为天地万物之根本。渊，水深的样子，形容"道"的幽深广大。

④挫其锐——摧折其锋芒之形而使之平和，此指道的主于无为不争。挫，摧折，毁折。其，指"道"。

⑤解其纷——消解其盛壮之势而使之柔弱，此指道的守持虚静柔

弱。纷，盛壮，强盛。帛书乙本作"芬"，亦为众多、盛起之意。总之，事物繁盛谓之纷，香气盛大谓之芬，心生怒恨谓之忿，气盛不平谓之愤，激励振作谓之奋，高起土堆谓之坟，增强地力谓之粪，等等，是"纷"音本有众多、盛壮、强大之意。

⑥和其光——柔和其光芒而使之不炫耀、不显明，此指道的幽隐不明。和，协和，柔和，和同。光，光芒，光照。

⑦同其尘——卑下其身而使其合同于世间之众，此指道的卑微处下而协同万物。

⑧湛兮似或存——谓大道虽虚静澄寂，隐没无形，而察其所用则无所不有，似乎它又存在于世。湛，隐没，沉没。

⑨吾不知其谁之子——我不知晓"道"是什么时候由何物所生养的。吾，乃老子自谓。子，用作动词，生养，挛生。

⑩象帝之先——像是在天帝之前就已经出现了。帝，天帝。先，早前，之前。

【译文】

"道"体虽然看似空虚无形，玄妙幽隐，但它的作用则是永无穷尽的。它是那样深邃广大啊，就好像是世间万物的本原。它摧折自己的锋芒而无欲不争，消解自己的强盛而柔弱处下，融和自己的光芒而从不炫耀，混同于尘屑中而幽微难明。它无象无形好似隐没无物，却又无处不在无时不有。我不知道它是何时何物产生的，大概是在天帝之前就已经出现了。

五　章

天地不仁①，以万物为刍狗②；圣人不仁，以百姓为刍狗③。天地之间其犹橐籥乎④！虚而不屈⑤，动而愈出⑥。多闻数穷⑦，不若守于中⑧。

【章旨】

人类社会生活中所依据和效法的往往是至高无上、伟大广博的天地，此章便以天地所循行的顺其自然的规律，来阐明君王当无欲无私，虚静无为的"道"理。

【注释】

①天地不仁——谓天地原本就没有什么私亲偏爱之心。亲爱其至亲，私亲其近亲之人，则自有私爱、私亲、偏爱等意。

②以万物为刍狗——意谓视天下万物如同刍狗，当用则用之，当弃则弃之。刍狗，古代祭祀时，陈列摆放的用植物秸秆捆扎成的羊犬等求福之物。狗，泛指牲畜的幼子，非如今日之呼"犬"为"狗"。

③以百姓为刍狗——意谓视群臣百官如同刍狗，使各行其职，各尽其事。当用则用之，当弃则弃之。百姓，指百官。古代贵族始有姓氏。周朝实行宗法制，世卿世禄，官守其职，故百姓指百官。不似今日指平民大众。

④其犹橐籥乎——大概就像是那鼓风吹火的橐籥吧。橐籥，古代冶铸时用以吹风炽火的器具。橐者为外之椟，所以受籥；籥者为内之管，所以鼓橐。其作用犹如后世的风箱。

⑤虚而不屈——谓天地之间如同橐籥，虽中虚无物，而其鼓动运化则永无穷尽。屈，竭尽，穷尽。

⑥动而愈出——谓天地之间如同橐籥一般运化无穷而生生不息。出，指生养万物。天地之间虽空虚无物，然其流转运化，生生不息，正如巨大的鼓风橐籥一般；其长养万物，永无穷竭，动摇变化，所出愈多。

⑦多闻数穷——谓君王以博闻多识自许而有为多事，必然会很快陷入困顿之中。多闻，指多知世事。数，快速，急速。

⑧不若守于中——反不如持守虚静之道为宜。中，通"冲"、"盅"，谓处虚守静，无欲无为。守于中即守于虚静，多闻则不能虚静。天地之间"虚而不屈，动而愈出"，故"守于中"则顺乎自然而长久不衰。

【译文】

天地之德原本就没有什么私亲偏爱，视同万物有如那祭祀求福的"刍狗"一样，当用则自用之，当废则自废之，一切全都顺其自然。明道之君也没有任何的私爱偏心，而使群臣百官各尽其用，各守其职，从不妄自干涉。天地之间不正像那鼓风的橐籥一样吗？虽然它看似虚空无物，却能够永不屈竭，总是在运转变动中化生万物。因此，君王如果不能守虚处静而以多闻博识自许，进而有为多言，那很快就会导致穷败，反不如处虚守静而无为不言能够取得成功。

六 章

谷神不死^①，是谓玄牝^②。玄牝之门^③，是谓天地之根。绵绵兮若存^④，用之不堇^⑤。

【章旨】

此章也是对"道"的解说。言大道主于虚静处下而生机无限，就像那幽深玄妙的母牝一样，孕育长养着天地万物。

【注释】

①谷神不死——谓大道犹如溪谷一般神灵奇妙，其运化无穷而生生不息。谷，山谷，溪谷。神，神灵，神妙。溪谷之因应变化、育生万物，皆非人力所为而永无穷尽，故言其神。不死，精气聚结而不散失，生息长养而无休止。溪谷中幽深虚静，流水潺潺，植被茂密，动物繁殖，处处生机勃勃，所以说不死。

②玄牝——喻指幽深玄妙而生生不息的大道。玄，玄妙。谓大道之幽隐不明，微妙难识。牝，母畜生殖器。溪谷之形状凹下有似母性生殖器之外阴（即牝），又以其幽静神妙而生机勃勃，因借以喻指化生天地万物的大道。

③玄牝之门——谓大道化育天地万物之所从出处。门，指母畜生殖器的阴户，牲畜之幼子即从此出。老子想象天地万物的产生亦如猪狗

牛羊等皆由母畜孕育生养而成，那生生不息、育养万物的神灵之物，就像是一个幽深虚静、运化神妙的玄牝。它生机勃勃而永无竭尽，它就是天地万物的本根。

④绵绵兮若存——绵绵，微细而连绵不断的样子。大道之化育万物连绵不断，其形虽不可明见，却似无而实存于世。

⑤用之不堇——谓大道之运化施用无穷无尽。堇，少，引申有竭尽义。堇，从人作"仅"；从言作"谨"，少言，慎言，成语有"谨言慎行"；从力作"勤"，指力尽仍辛苦劳作；从"食"作"馑"；从"歹"作"殣"，谓少食饥饿而死于路旁；从"广"作"廑"。并有少、竭、尽之义。它本或作"勤"，与"堇"音义并同。

【译文】

"道"就像那幽深的溪谷一样神灵奇妙而生机勃勃，它就是一个玄妙幽静的母牝。这玄妙的母牝即生育万物的门户，也就是那天地万物所产生的本根。它绵绵不绝而似存于世，化育万物且永无穷尽。

七　章

　　天长地久^①。天地所以能长且久者，以其不自生^②，故能长生。是以圣人后其身而身先^③，外其身而身存^④。非以其无私邪，故能"成其私^⑤"？

【章旨】

　　此以天长地久为喻，说明君王之无私无欲而不自生、不自利，反倒能"身先"、"身存"而统御天下。

【注释】

　　①天长地久——谓天地之长生久存，永无尽头。此言似为古代成语，人们不知天地之生，不见天地之死，而唯见其生机蓬勃，故言天长地久。

　　②自生——自益其生。指人们自私其身而爱之养之，用尽心思欲其长生不死。老子主张顺其自然而反对自益其生，故此章以天地为喻说解之。

　　③后其身而身先——意谓君王虽置自身于民众之后，却能得到民众拥戴而身居君王之位。后其身，使其身退居人后。此指众人皆孜孜以求，追逐利益；而君王独默默如愚，无私无欲。

　　④外其身而身存——意谓君王清虚自守，无欲无为，虽置自身于

度外而不营求私利，却能得民众拥戴而身居于君王之位。

⑤成其私——成就其自私之事。此指君王的居至尊之位而行君人之事，总百官而治国家。依自私者的眼光来看，这正是"成其私"。而并非老子别有用心，用"无私"作幌子，以达到个人极端自私的目的。

【译文】

古语说"天长地久"。天地之所以能够长久存在的原因，就是因为它们从不自益其生自利其身，故而才能长生久存。因此，明道之君若能卑弱处下甘居人后，反而会身在众人之上；若能无欲无私不求自利，反而会身处君王之位。这难道不是因为他们无欲无私，反而能够（如私欲之人所说的）"成就其私"吗？

八　章

上善若水①。水善利万物而不争②，处众人之所恶③，故几于"道"矣④。居善地⑤，心善渊⑥，与善仁⑦，言善信⑧，正善治⑨，事善能⑩，动善时⑪。夫唯不争，故无尤⑫。

【章旨】

此章以水为喻，说明处下不争为大道之要。君王的行为举止，言谈处事总是卑身处下，虚静无为，顺乎自然，无欲不争，那就诸事顺理而不会有什么差错。

【注释】

①上善若水——谓君王所推崇所喜好之事当如同流水一般。上，通"尚"，尊崇，崇尚；用作动词。善，喜好，爱好；用作动词。

中国古代有水为万物之本的思想，此章便以水喻"道"，教君王崇尚而爱好之。"道法自然"，而水性最为顺乎自然，遇方则方，遇圆则圆，处下而不争，利物而不言，所以老子教人学习它。

②水善利万物而不争——水虽喜好利益润泽于万物，却不争名，不争利，不争能，不争功。古人以水为地之血脉，其流通滋润而使万物荣华繁茂，故言水善利万物。

③处众人之所恶——指水经常停留在众人所厌恶的低洼之地。

恶，厌恶。俗话说"人往高处走，水往低处流"。卑微低下为常人所厌恶，而水却能守辱处下。

④几于"道"——谓水之所为所行接近于道。几，接近，近似。

⑤居善地——指君王存身立世时喜好卑微处下。地，低下。

⑥心善渊——指君王用心着意时当沉静深隐。渊，深隐，深沉。

⑦与善仁——指君王之接人待物，要无私无欲而利益他人。与，亲近，亲善；指与人接触，与人交往。

⑧言善信——指君王之出言行教须诚信而不虚妄。信，诚实，诚信。

⑨正善治——指君王之治国施政能简要而条理。正，傅本、河上公本并作"政"。正、政古通用，指为政，行政。

⑩事善能——指君王之行事要尽人之才能而顺乎其才性。能，指自己所熟悉的、擅长的、能够胜任的事情。如水之浮载、清鉴、攻坚、润物等。

⑪动善时——指君王之行为举动能无为不言而顺合天时，时行则行，时止则止。时，时节，指春夏秋冬四时。水于春夏为云雨，于秋冬为霜雪，其有序有节，条理顺适，所以说"动善时"。

⑫无尤——没有什么异常，没有乖谬过分的事情。没有乖谬，当然也就没有咎怨。

【译文】

君王的爱尚喜好应该有似于流水。水喜好利惠万物而无欲不争，又能处于众人所厌恶的低洼之地，故而接近于"道"。所以，君王应该存身立世能卑微居下，用心存意能幽深沉静，接人待物能慈爱好施，言谈话语能诚信不欺，治国理政能简明条理，行教任事能用人所长，举动行为能合乎时宜。只要君王能够无欲不争，也就绝不会有什么差错和怨尤。

道德经

九　章

持而盈之^①，不如其已^②；揣而棁之^③，不可长保。金玉盈室^④，莫之能守；富贵而骄，自遗其咎^⑤。功遂身退^⑥，天之道也。

【章旨】

此章从事物过盈太盛都不可长久的事例，说明物极则必反，知止而不殆的"道"理。告诫君王如果私欲旺盛，骄奢过度，必然会招致灾祸。只有退身隐后，柔弱处下，才能合于大道。

【注释】

①持而盈之——已然握执其物而不失所得，还要抓持得更多。持，把握，握执。

②不如其已——不如及早终止。已，终止，完结。

③揣而棁之——谓捶击其物使之尖锋锐利，有如芒刺。揣，捶击，击打。棁，河上公本作"锐"，"棁"、"锐"音义并同。盖棁为木之长而尖利者，锐为金之尖利者。

④金玉盈室——指家中极其富有而多藏金玉财宝。

⑤自遗其咎——自己把灾祸余留给自己，即自己招致祸殃。遗，遗留，留存。

118

⑥功遂身退——谓做完了自己该做的事就隐身退后。遂，完成，终结。天下万物，各有其运化周期，各行其客观规律。当生则生，当长则长，当成则成，当没则没。如日之昼出夜伏，如气之寒来暑往，如草之春发秋萎，如人之出生入死，此即所谓"天之道"也。君王统治天下，自当遵循这"天之道"，事成功遂则退身隐后。毋以功劳自居，毋以名声自贤，毋以富贵自夸，毋以权势自矜。

【译文】

手中已然握持其物仍然贪多欲得而抓握不止，倒不如及早罢手为有得。手中已然握执尖利之器还要锤砸不止必欲使之锋锐无比，那绝不可能使其保持长久。大肆聚敛而使得金玉满堂、珍宝无数，这世上没有谁能够守护得住。富有尊贵而骄奢淫侈，那只能给自己招致祸灾。事成功遂便隐身退后，这是上天所循行的客观规律。

十　章

载营魄抱一，能无离乎^①？專气致柔，能婴儿乎^②？涤除玄览，能无疵乎^③？爱民治国，能无以知乎^④？天门开阖，能为雌乎^⑤？明白四达，能无以为乎^⑥？生之畜之^⑦，生而不有，为而不恃，长而不宰^⑧，是谓玄德^⑨。

【章旨】

老子此章以反问的句式，明确提出了君王循守大道应该做到的具体内容。告诫君王要精气团聚而柔弱处下，静心虚志而无私无欲，清静无为而不用智巧。果能如此，则万物各顺其性，各应其命，而君王之德则达于至德。

【注释】

①载营魄抱一，能无离乎——谓君王的灵魂依附于其身体啊，能够守其本性、和谐为一而不分离吗？载，语助词，此用在句首，犹如"夫"字。抱一，即守一，守身；谓魂魄与形体相附和而为一体。守一则不贰，阴阳相和而不离散。若牵制于外物，则心志流而不归，魂魄离而逸散。古人以为：灵魂为独立存在之物，灵魂附和于形体则生，即为抱一；人死则灵魂分离于形体而升天为鬼。故灵魂外驰，神与身离，乃道家大忌。

②専气致柔，能婴儿乎——谓君王之团聚精气不使散失，以至于血脉通畅而身体柔和，比得上初生的婴儿吗？専，通"团（繁体字作團）"，义为聚合，聚结。能，读如"耐"。义为比得过，可胜任，堪与相比。古人以为婴儿之躯体柔弱和顺，其精气聚结团圆，所谓"和之至"也。所以如此，皆由于婴儿纯真无邪，无知无欲，心志不分驰于外物。老子因此以婴儿为喻。

③涤除玄览，能无疵乎——意谓君王清除自己的意念，纯洁自己的心灵，能够做到像洗涤明镜那样没有瑕疵，没有尘污，即没有私心杂念吗？玄览，即玄鉴。鉴指镜子，古人以清水盛于器中平静后为鉴。玄鉴，即隐微清静的心镜。指玄妙幽深的、纯洁无瑕的、未受外物影响的观察认识客观事物的能力。

④爱民治国，能无以知乎——谓君王慈爱民众治理国家而使其和谐安定，能够做到不倚赖和使用自己的聪明才智吗？知，同"智"。君王之治国理政能弃其智巧，则民不邪辟而国家安定。

⑤天门开阖，能为雌乎——意谓君王在用自己的感官去接触与认识客观事物的运动变化，用自己的心脑去指挥操控自己的言语行为时，能够守柔处下，虚静退让吗？能够无私无欲，无为不言吗？天门，指天生而成的、生来就有的各种感觉器官，如耳鼻口目及心脑等。开阖，开启或关闭，指人身各种感觉器官对外界事物的接触与反应。为雌，指守柔处下，无为不言。一般说来，雄主强健、进取；雌主柔弱、谦下。

⑥明白四达，能无以为乎——谓明道之君虽然聪明睿智而周知于天地万物，却能够处虚守静而不去逐利争物吗？明白四达，指耳聪目明，心慧志能，通达于天地四方之事，明知于世间万物之情。无以为，即无所为，义同三十八章"上德无为而无以为"中之"无以为"。指君王的处虚守静而无为不言。

⑦生之畜之——谓大道化生万物，育养万物。畜，育养，长养。

⑧长而不宰——谓大道虽为万物之主，却并不裁制其物，而是顺其自然，任其发展。长，君主，君长。

⑨玄德——指体行大道之德。以其幽隐，可言根本之德；以其深远，可言最高之德。

道化生万物而畜养之，使万物各顺其性，各终其命。对于天下万物而言，道的功绩可以说是至高至伟。然而，道生养万物却不据为己有，成就万物却不自恃其功，虽为万物之长却不宰制它们。这正是最深厚最崇高的玄德。人君体道而行，顺其自然，无私无欲，清静无为，当然就会达到玄德之境了。

【译文】

作为一个君王，你能够做到形神合一，使魂魄不驰于外物而妄自离散吗？能够做到精气团聚而纯真柔和如同婴儿一样吗？能够做到时常洁净自己的心灵使它质纯无邪吗？能够做到治国理民时无欲无为，不用智巧吗？能够在感知外物、认识世界时做到贵柔守雌，虚静因应吗？能够做到行政施教而去私去智，不以自己的耳目聪明而顺乎自然吗？大道化生万物，长养万物，（只是尽其责任与义务而已。）虽然它育生万物却不据为己有，虽然它化成万物却不自恃有恩，虽然它为万物之长却不对其宰制，这就是大道的玄远幽隐之德。（君王体道而行，也就会具有至高至伟之德。）

十一章

三十辐共一毂^①，当其无，有车之用也^②。埏埴以为器^③，当其无，有器之用也^④。凿户牖以为室^⑤，当其无，有室之用也^⑥。故有之以为利^⑦，无之以为用^⑧。

【章旨】

凡俗之人往往见物之有而不知其无，见物之实而不知其虚，见有之以为利而不知无之以用。老子因此以车毂、埴器、户牖的实虚有无的不同作用为例，来说明事物的空虚之处也正是它的有用之处。以此劝喻君王循守虚静无为之道。

【注释】

①三十辐共一毂——此指造车之制，由三十个车辐会集于轮毂之上而组成车轮。辐，谓车轮中的三十根直木，外端通连车辋，内端凑于车毂。共，通"拱"，会集，拱卫。毂，车轮中间贯穿车轴的圆木，其外承接三十辐及轮圈。

②当其无，有车之用——意谓当其车毂中间空虚无物的时候，便具有贯穿车轴而使车子运转行进的效用。当，正值，正逢。无，空虚无物，此指挖空车毂中间承受车轴的圆孔。

③埏埴以为器——谓用黏土和水成泥，按压揉和而制作成各种器物。

挻，掺水和泥而揉捏按压之。埴，黏土。为器，制作陶盆陶碗等器物。

④当其无，有器之用——意谓当所做器物的中间空虚无物时，便具有了容器可以盛放物品的功用。

⑤凿户牖以为室——谓开凿门窗而建造屋室。户牖，指门窗。

⑥当其无，有室之用——意谓当凿开墙壁使其中空无物而成为门窗的时候，便具有了屋室的居住功用。才能有门可以出入，有窗可以透亮，而使人得以居住生活于其中。

⑦有之以为利——谓保有其物则能使人得到具体的利益。为利，产生利益，获得利益。

⑧无之以为用——谓去除其物而使之空虚无有时，则能产生相应的功效或表现出相应的作用。

事物之有与无，利与用，既是相对的，又是相依的。决不可只见其有而不见其无，只见其利而不见其用。君王明知此理，就该循守于无为不言之道。

【译文】

制作车轮时以三十根木条会集于车毂上，在把车毂中间挖空以后，才能贯穿车轴于其中，车轮才能转动行走而有了车的功用。掺水和泥而抟揉按压以制作陶器，在把器物做成中空以后，才可以盛装东西而有了器物的功用。挖凿房门和窗子来制作屋室，在把门窗之处的墙壁凿空以后，才可以进进出出、通透光明而有了屋室的功用。因此，当存在其物时能够使人们见到具体的利益，而当空虚无物时则能使人们得到相应的效用。

十二章

五色令人目盲①，五音令人耳聋②，五味令人口爽③，驰骋
畋猎令人心发狂④，难得之货令人行妨⑤。是以圣人之治也，
为腹不为目⑥。故去彼取此⑦。

【章旨】

世人往往为满足耳目口腹之欲而贪图享乐，老子以物极必反
之理告诫君王，贪图声色美味，追求驰骋田猎与难得之货的享
受，只会使人魂不守舍而行为失常。君王必须清心寡欲，虚静无
为，才会使自己身心健康，使国家安定和谐。

【注释】

①五色令人目盲——各种颜色纷然杂陈，看久了会使人眼花缭
乱。五色，青、黄、赤、白、黑五种颜色，泛指色彩缤纷。目盲，眼睛
昏花不明。

②五音令人耳聋——歌乐之声喧杂不已，听久了会使人耳聋失
聪。五音，亦称五声，本指宫、商、角、徵、羽五个音级，此泛指各种
歌乐之声。耳聋，指听力受到损伤，听声时不可察知其真。

③五味令人口爽——嗜好美味，饱食佳肴，时间久了就会使人食
欲不振。五味，甜、酸、苦、辣、咸五种味道，泛指饱食各种美味的食

物。口爽，指饮食时不知滋味，胃口病伤而食欲不佳。

④驰骋畋猎令人心发狂——谓人们或驱马奔驰竞争先后，或追逐围猎捕取禽兽，时间久了就会心智狂乱而性情放荡。畋猎，指围捕猎取各种野兽。"畋"或作"田"，"田"即古"畋"字。心发狂，即《庄子·天地篇》所谓"趣舍滑心，使性飞扬"。

⑤难得之货令人行妨——指贪爱珠玉金银等难得之货，时间久了就会使人行为乖戾，精神失常。货，金银珠玉等物。

⑥圣人之治也，为腹不为目——意谓明道之君的治身治国等事，当取于外物而养己，不能徇于外物而伤身。治，指治身，治国。治身而身体健康，治国而国家安定。为腹，腹以喻内，为腹则以物养己而无欲无求。为目，目以喻外，为目则为外物所役使而多欲有为。

⑦去彼取此——谓明道之君借鉴此理，治理家国天下时当去其"为目"之多欲贪求，取其"为腹"之无欲易足。

【译文】

色彩缤纷，艳丽繁杂，看久了就会使人两眼昏花。歌乐欢动，喧哗不已，听久了就会使人耳聋失聪。山珍海味，美食佳肴，吃多了能够使人胃口病伤而恶饮厌食。驱马奔驰，围捕田猎，时间久了能够使人心智狂乱而纵情放荡。贪求宝物而不知满足，时间久了就会使人的行为乖戾而举动失常。（物极至而必反，贪欲盛则必伤。）因此明道之君在治国理政时，总是无欲无为而不徇于外物，少私寡欲而能处虚守静。故而君王必须取此"为腹"，即无欲无为；而去彼"为目"，即多欲有为。

十三章

宠辱若惊①，贵大患若身②。何谓宠辱若惊？宠为下③，得之若惊，失之若惊④，是谓宠辱若惊。何谓贵大患若身？吾所以有大患者，为吾有身⑤；及吾无身，吾有何患⑥！故贵以身为天下⑦，若可寄天下⑧；爱以身为天下，若可托天下。

【章旨】

老子此章以解说成语的形式，告诫君王必须时时处处虚静处下，无私无欲。如此才能内无忧患，而外有天下。

【注释】

①宠辱若惊——谓君王当崇尚爱好于守辱处下，即置身于低贱屈辱之地，得之则惊喜，失之则惊惧。宠，崇尚，贵尚；用作动词。辱，指污下、屈辱之地，与君王之尊贵之位正好相反。惊，《说文》："惊，马骇也。"引申之亦指人之突遇刺激而精神紧张，或喜，或忧，或骇，或惧。

②贵大患若身——义同"贵身若贵大患"。谓君王贵重私爱自身，正如同贵爱大患一样。贵，看重，重视；用作动词。患，指忧苦、疾病、灾祸等。

③宠为下——指君王推重并喜好自处于卑弱低贱之地而不自尊自

大。为下，犹如居下，如其自称孤、寡、不穀等。

④得之若惊，失之若惊——谓君王得以居处于卑微低贱之地则心生惊喜，若不能居处于卑微低贱之地则心生惊惧。

⑤为吾有身——因为我心中总是惦念着自己，私爱着自己。有身，指私爱自身，爱惜自己。此言私爱其身则累害其德，累害其德则必生大患。所以说贵爱其身者，乃贵爱大患。

⑥及吾无身，吾有何患——意谓如果我全无自私之心而毫不偏爱自己，那我还能有什么忧患之事呢？及，犹"若"。

⑦以身为天下——谓无私无欲而把自身奉献给天下之人。为，同"遗"，施予，给与。

⑧若可寄天下——谓如此行事乃可以将家国天下寄托于其人。若，犹"而"、"乃"、"则"。君王虽居尊崇之位，却能够卑身处下而不自贵不自爱，能够无私无我而把自身奉献给天下之人。如此之君才可以把天下寄托给他，他也才能把天下治理得安定和谐。

【译文】

古语曾说"宠辱若惊"，又说"贵大患若身"。什么叫"宠辱若惊"呢？君王崇尚与喜爱自己过上守辱处下的生活，能够卑微处下则感到惊喜，不能卑微处下则感到惊惧，这就叫作"宠辱若惊"。什么叫"贵大患若身"呢？我之所以存有大患，是因为我有着"利益自我"的私心，若是没有了"利益自我"的私心，我又有什么忧患呢！因此，那些甘愿把自身奉献给天下（即无私）的人，才可以将天下寄托给他；那些甘愿把自身奉献给天下（即无我）的人，才能够将天下交付给他。

十四章

视之不见名曰夷①，听之不闻名曰希②，搏之不得名曰微③。此三者不可致诘④，故混而为一⑤。一者，其上不皦，其下不昧⑥，绳绳兮不可名⑦，复归于无物⑧。是谓无状之状，无物之象⑨；是谓惚恍⑩。迎之不见其首，随之不见其后。执古之道，以御今之有⑪，以知古始⑫，是谓道纪⑬。

【章旨】

此章还是对"道"的描述与评介。虽然人们的感官不能知觉"道"的形状物态，看也看不见，听也听不到，摸也摸不着，但"道"确是实实在在、真真切切存在于世的。君王能够循守大道去治理国家，必定能够取得成效。

【注释】

①名曰夷——称名之为夷。夷，平易不显，幽隐不明。

②名曰希——称名之为希。希，稀疏，寡少。此处形容声音极其微细而难于听见。

③搏之不得名曰微——谓以手拍打它却不能触及，由此而称名之为微。搏，拍打，拍击。微，义同"无"。

④此三者不可致诘——谓"道"之视而不见、听而不闻、搏而不

得三事，不能追问到底而弄个明白。诘，追问，责问。

⑤故混而为一——因此就混沌不明而笼统地合其为"一"，"一"即"道"。混，混沌不分。

⑥其上不皦，其下不昧——指道体的混沌不明，若明若暗。其在上者并不光明，而在下者亦不昏暗。皦，明亮，光明。昧，昏暗，昏冥。

⑦绳绳兮不可名——谓道体之似有似无，幽隐不明，因而不能给它一个合适的名称。绳绳，假作"矖矖"，义同"冥冥"，昏昧不明的样子。帛书本作"寻寻"，寻寻、绳绳音同，并为重言喻形词。不可名，不能明了它的情状、形态等，并据此给它一个合适的名称。

⑧复归于无物——指道体的隐微不明有如返归于似无其物的状态。复归，返还，返归。无物，指事物极其隐微而莫明其形。

⑨无状之状，无物之象——没有具体明晰的形状的一种状态，没有具体明晰的物态的一种形象。按："道"本非具体之物，此乃设定其为"物"，而描述其"物状"、"物象"。

⑩惚恍——指"道"体的那种似有似无，若明若暗，幽冥难知，模糊不清的情形。

⑪执古之道，以御今之有——谓君王当持守古道以治理今世之家国天下。执，守持。指遵循其"道"以行教处事，若持物而不失。御，统领，治理。有，通"域"，州域。

⑫以知古始——即乃知古始。谓如此而能知古道之本。以，而，乃。古"以"、"而"、"能"往往通用。古始，原本，初始；指大道之本。

⑬道纪——指道的体系、系统。纪，总要之名。从道家的宗旨来看，"道"是恒久不变的，贯通古今的。因此今道就是古道，古道就是今道；古今虽异，其道则一。持守这个"道"以治理家国天下，且据

其今之有而察其始之无，得以了解其初始的情况，这就能总体明了于
"道"的整个体系。

【译文】

"道"这种东西，用眼察看又不见其形状，可称名之为
"夷"；用耳倾听又不闻其声音，可称名之为"希"；用手拍打
也触及不到它的质体，可称名之为"微"。从这三方面来看，它
实在是过于玄妙，过于幽微，过于细小了，以至于根本不可能推
究到底而弄个明白，所以就只好笼统地把它看作"一"，也就是
"道"。就是这个"道"，虽其在上也并不显得明亮，虽其在下
也并不显得昏暗。幽幽隐隐，渺渺茫茫，似有似无而不可称名，
延伸至其极端而复返于隐微无物的状态。这就是没有形状的形
态，不见其物的物象，这就叫作"恍惚"。迎面而对看不见它的
头，紧随其后也看不见它的尾，它就是那样的无始无终，无穷无
极。持守这个"道"，就能治理好万事万物，就能统御好家国天
下。同时又据其"有"而察其"无"，得以知晓远古时其初始的
情况，这样就明了了"道"的整个体系。

十五章

古之善为士者①，微妙玄通②，深不可识③。夫唯不可识，故强为之容④。曰：豫兮其若冬涉川，犹兮其若畏四邻⑤，俨兮其若客，涣兮其若凌释⑥，敦兮其若朴⑦，旷兮其若谷⑧，混兮其若浊⑨。浊以静之，徐清⑩；安以动之，徐生⑪。保此道者不欲盈⑫，夫唯不欲盈，是以能敝而不成⑬。

【章旨】

此章通过对守道之士"微妙玄通，深不可识"的品格的形象描述，说明了循守此"道"的君王必须不存私欲，不求满盈。

【注释】

①善为士者——谓善于治事理政的明道之君。为士，指治事，理政。"善为士"，帛书本作"善为道"，二者用词有别，而其义实同。

②微妙玄通——谓体道行德之君，其心志玄妙幽隐而畅达于天地万物之情状。玄，既指微妙幽隐，又指玄远幽深。

③深不可识——意谓明道之君能守辱处下而深藏不露，虽其心志明通畅达于幽隐玄妙之物，而其容貌则有若愚钝无知，故无人能测知其真。识，明知，明了。

④强为之容——指勉强描绘出他的形象特征。容，容貌，仪容；

用作动词，谓描绘其形象。善为士者深不可识，故勉强描绘其形象以仿佛其容貌举止。

⑤豫兮其若冬涉川，犹兮其若畏四邻——意谓其临事而惧，小心谨慎。既如严冬渡河而水寒刺骨，唯恐失足没入河中。又若害怕同四邻为伴而关系不睦，多生争执而事端无穷。"豫兮"与"犹兮"互文，即犹豫二字分别言之。犹豫，行为处事迟疑不决的样子。

按：或说"豫"与"犹"同为兽名，二兽性多疑。凡临事不决、进退迟疑者借以为喻。

⑥俨兮其若客，涣兮其若凌释——谓其行事则谨慎小心、恭敬庄重，有如到别人家做客一般。而其心志则豁达疏放、无拘无束，有如春天封河化解时冰凌之流散离析。俨兮，恭敬庄重的样子。到别人家做客，自然不敢恣意放肆，而只须恭敬。涣，消解，消散。凌释，指春天阳气转盛而封河之冰遂消解融化。

⑦敦兮其若朴——形容其本性敦厚质朴，如同未经雕凿的朴木一样。敦，质朴，敦厚。朴，未经雕琢加工的原木。

⑧旷兮其若谷——谓其眼界高远、思想解放、胸襟开阔，有如虚静空旷的山谷一般。旷，空旷，旷远。

⑨混兮其若浊——谓其外若昏昧而示人以愚，有如浑浊的河水，不可测知其浅深。浊，污浊，浊流。形容河水多含泥沙杂质，浑浊而不能明澈见底。

⑩浊以静之，徐清——意谓水之混浊者，守之以静，就会慢慢澄清而明澈。以，同"而"，连词。徐，舒缓，缓慢。

⑪安以动之，徐生——谓物之安定者，行之使动，就会慢慢地生长变化。

按：此二句在于说明"反者，道之动也"的规律，进而引出其下

133

"保此道者不欲盈"之句。以反问的形式表达肯定的内容，意谓：浊而静之将何能？将徐清。安而动之将何能？将徐生。

⑫保此道者不欲盈——谓持守大道之君总是虚心弱志而无私无欲，绝不会私欲旺盛而骄奢贪求。欲盈，指贪欲旺盛。

⑬敝而不成——意谓如同物有缺敝不足而并不求满求全一样，明道之君总是谦虚谨慎而柔弱处下。

【译文】

古时候那些善于任事理政的君王，其心精微幽隐而玄妙通达，其行深藏不露而难以测知。正因为对他不能测知明了，因此就只能勉强给他描述一个形象。这就是：他的行为处事总是谨慎警惕啊，就像在那严冬时节涉水过河。他的言语总是小心翼翼啊，好像是害怕影响和惊动四邻。他的外表总是那样恭敬庄重啊，就像是到别人家里做客。他的内心却无拘无束轻松自如，好像是春意融融时冰消雪化。他是那样淳厚质朴，诚信实在，就像是那未经雕琢的素木。他的心胸那样的虚静而宽广啊，就好像那空旷的深山幽谷。他貌似愚钝憨厚而志趣不可见，心意不可知，又好像是那浑浊的河水。污浊之水让它静止之后慢慢地就能变得清澈，安定之物使它运动起来慢慢地发展就会获得新生（"道"的作用就是这样巨大）。懂得并体行这个"道"的人绝没有旺盛的私利贪欲，正因为他没有充盈的私利贪欲，因此才能够时时事事谦卑处下，而从不会骄矜满盈。

十六章

致虚，极也^①；守静，笃也^②。万物并作^③，吾以观其复也^④。夫物芸芸，各复归其根^⑤。归根曰静，是谓复命^⑥。复命，常也；知常，明也。不知常，妄^⑦；妄作，凶。知常容^⑧，容乃公^⑨，公乃王^⑩，王乃天^⑪，天乃道^⑫，道乃久，没身不殆。

【章旨】

此章乃告诫君王要切切实实做到虚静无为，只有虚极静笃才能归根复命，归根复命才能顺常，才能合于天而同于道，才能没身不殆。否则就会妄作而致凶。

【注释】

①致虚，极也——谓其虚心弱志而实现无欲无求，要能尽其极至而达到最高境界。致，达至。

②守静，笃也——谓其处虚守静而实现无为不言，要能达至其终极而坚固不移。笃，坚实，牢固。

③万物并作——谓万物竞相兴发生长。作，兴起。

④观其复——指观察万物之返归于静。物之发生，由静而动，故其返归初始之静，即为"复"。

⑤夫物芸芸，各复归其根——指天下万物纷然杂陈而生长繁茂，

最终则都要循守大道而返归其根本之性，即复归于虚静。

⑥归根曰静，是谓复命——意谓万物返归其本始则归于虚静，这就是回归其天生的根本之性。曰，则，就。复命，指回归其本性。命，指天生之性。

⑦不知常，妄——谓不能顺乎自然而返归其本性，就会违离常道而产生错乱。常，谓返本归根而全其本性，顺其自然而恒久不衰。妄，指违背事物的自然规律而胡乱作为。

⑧知常容——谓君王能循守大道而返归于本性，才能处虚守静而广纳有容。容，包涵，包容。器虚乃能容，此指明道之君的虚极静笃而胸怀宽广。

⑨容乃公——谓君王能够胸怀宽广，包容万物，才能无私无欲，公平公正。公，大公无私，公平公正。

⑩公乃王——谓君王能公平公正、无欲无私，才能为天下人所拥戴而真正成为统御天下的君王。王，为天下人所拥戴的君主。

⑪王乃天——谓君王能够为天下人所归往与拥戴，就能通达于天，如同天之覆盖万物一般广大普遍。

⑫天乃道——谓君王能够上同于天而顺乎自然，并非依照个人的心志去任意妄为，就能合同于大道。

【译文】

君王体行虚静无为之道，致虚守静必须达到极至的境界。天下万物蓬勃生长，我则观察它们的最后归宿。万物虽芸芸而生，纷然杂陈，而最终则全都各自返归其根。返归其根即处虚守静，这就是复归其本性。复归其性，是符合自然规律的；而了解认识了自然规律，则是非常明智的。反之，如果不了解其自然规律，就会妄想妄动,盲目行事,妄想妄动则必定招致凶险祸灾。总之,人君明了于客观规律,就能冲虚包容;包容万物,就能做到公正无私;大公无私,就能为天下人所拥戴而成为其王;为天下人所拥戴,就能合于上天而顺乎自然;顺乎自然而无为不言,就能符合于大道;而君王能循守大道,就能长治久安,终其一生都毫无危殆。

十七章

太上^①，下知有之^②；其次，亲而誉之^③；其次，畏之；其下，侮之^④。信不足^⑤，焉有不信^⑥。悠兮其贵言也^⑦！功成事遂，百姓皆谓我自然^⑧。

【章旨】

这里是从民众对君王态度的逐步转变的历史发展，来证明人君循守大道而无为不言的重要性。

【注释】

①太上——即太古之时，指唐虞以上之世。或说"太上"为最上等，最高级。

②下知有之——谓民众只知道有其君王在上位而已，既无亲爱之心，又无怨恨之意。下，指社会下层的广大民众。

③其次，亲而誉之——指在其后的社会中，民众往往亲爱其君而称誉之。其次，其后，此后。

④其下，侮之——谓最近之世，君王贪货行私而欺诈侵害民众，民众遂群起反抗而辱戮其君。其下，犹言最近之时。侮，轻侮，慢易。

⑤信不足——指君王以谲诈欺伪对待民众而失其诚信之心。信，诚信，诚实。

⑥焉有不信——谓民众亦因此以诈伪欺瞒应对其君而毫无诚信。焉，于是，则。与"安"、"案"义同。

⑦悠兮其贵言也——此赞美君王的无为不言，顺其自然是多么的高妙啊！悠兮，为赞美之辞。悠，高远，深远。贵言，即重言，希言。指君王的施无为之政，行不言之教，不以己志私欲随便发号施令。

⑧百姓皆谓我自然——意谓群臣百官面对功成事遂之善，全都说一切事情原本就自当如此，我所为之事自然而然就该如此。自然，指万物顺其性命，自化而成。

【译文】

太古之时，（君王"无为不言"而顺乎自然，其下属的臣民安居乐俗而各得其所，故）但知有其君王而已。其后的君王，（虽自贤其才智，犹能存仁爱之心而无私欲，因此）民众往往亲近他们，称誉他们。再以后的君王，（虽然能处事公平公正，但却毫无仁爱之心而只是依照法律禁令施政，因此）民众往往畏惧而服从于他们。而近时的君王，则（私欲旺盛，为所欲为，欺诈民众，祸害国家，因此）往往被民众所反对以至攻杀。正是因为君王的诚信缺失了，于是臣民对他们的信任也就没有了。可见那"无为不言"是多么高妙啊！其意义是多么深远啊！（人君处无为之事，行不言之教，群臣各尽其职，万民各安其生。）事情办好了，功业实现了，百姓都说我原本就自然如此。

十八章

大道废①，焉有仁义②。智慧出③，焉有大伪④。六亲不和⑤，焉有孝慈⑥。国家昏乱，焉有贞臣⑦。

【章旨】

这里对仁义、智慧、孝慈、忠臣等观念的产生提出了自己的看法，认为它们是无欲无为、顺乎自然的大道遭到废弃之后的产物，是人们用私智、行私欲而败家害国的产物。

【注释】

①大道废——指无为不言、顺其自然之道被人们的私心贪欲所阻止而不得行用。太古时期，君王持守大道，顺乎自然，无为不言，天下大治。其后私欲产生而上下逐利，致使大道废止不通。

②焉有仁义——于是便出现了提倡仁爱正义之说以救正其失。仁义，指仁爱与正义的主张，其倡导爱人而为公，以使事物各得其宜。

③智慧出——指人们为满足其私心贪欲，开始使用其聪明才智以欺伪狡诈的手段争逐财利。智慧，指心志聪明，思想敏捷；引申而指用尽其心智任意妄为。

④焉有大伪——于是便出现了许多违背无为自然之道而依据人们的心志意愿为所欲为的虚诈之事。大伪，指人们的行私纵欲而不合于自

然之道的所作所为。

⑤六亲不和——指家族之中许多人都各私其利，以至于彼此不能和睦相处而发生争执。六亲，父子、兄弟、夫妇。泛指整个家族、宗亲。

⑥焉有孝慈——于是就出现了提倡父慈子孝的主张。孝慈，此指父慈子孝之说，乃为维护宗族家人间恩爱亲和的相互关系而提倡的一种社会观念。

⑦贞臣——即忠臣，朝廷中忠正无私之臣。忠，谓其心志中正而无私不偏。

【译文】

当人们的私欲产生而上下逐利，致使清静无为的生活遭到破坏，顺乎自然的大道废止不通的时候，于是便有人提出"仁义"之说，倡导人们仁爱而为公，以救正其失。当社会上竞相玩弄聪明才智，绞尽脑汁以追求私利的时候，于是君行私智以乱国，臣弄私智而篡权，致使君臣上下妄作非为而诈伪横生。六亲相和乃人之天性，当人人自私其利而使夫妻、父子、兄弟之间失去亲爱和谐的时候，于是就有人提倡父慈子孝之说，以表彰孝敬慈爱之事而成全六亲相和之义。君臣和睦乃治国之本，当君臣各私其利而明争暗斗，致使家国陷于昏乱的时候，为挽救其弊，于是又有人提倡忠贞之义，以表彰百官中那些守正无私、忠心为国的贞臣。

十九章

绝圣弃智^①，民利百倍；绝仁弃义^②，民复孝慈^③；绝巧弃利^④，盗贼无有。此三言也^⑤，以为文未足^⑥，故令之有所属^⑦：见素抱朴^⑧，少私寡欲^⑨，绝学无忧^⑩。

【章旨】

此言仁义、孝慈、圣智、巧利等概念都是大道被废弃后私欲蔓延的产物，应该完全禁止，彻底废弃，从而复归于无为自然之道。寻其途径，则在于君王的返璞归真。

【注释】

①绝圣弃智——谓弃置个人的聪明才智不用，而复归于虚静无为。绝，止息，灭绝。圣、智，并指个人的聪明智慧。君王用其聪明圣智，乃为行私贪物而利益自身。行私贪物则伤害民众，故绝弃其贪私利己之心，则民利百倍。

②绝仁弃义——谓绝弃社会上所谓的仁爱正义的观念，废止那些所谓的仁爱正义的行事。

③民复孝慈——民众因此就会返璞归真而顺其天性，重新回到那种自然而然的相互间恩爱亲和的生活状态中去。

④绝巧弃利——谓绝止个人的机巧之能与利益之事，而使人们无

十九章

绝圣弃智[①]，民利百倍；绝仁弃义[②]，民复孝慈[③]；绝巧弃利[④]，盗贼无有。此三言也[⑤]，以为文未足[⑥]，故令之有所属[⑦]：见素抱朴[⑧]，少私寡欲[⑨]，绝学无忧[⑩]。

【章旨】

此言仁义、孝慈、圣智、巧利等概念都是大道被废弃后私欲蔓延的产物，应该完全禁止，彻底废弃，从而复归于无为自然之道。寻其途径，则在于君王的返璞归真。

【注释】

①绝圣弃智——谓弃置个人的聪明才智不用，而复归于虚静无为。绝，止息，灭绝。圣、智，并指个人的聪明智慧。君王用其聪明圣智，乃为行私贪物而利益自身。行私贪物则伤害民众，故绝弃其贪私利己之心，则民利百倍。

②绝仁弃义——谓绝弃社会上所谓的仁爱正义的观念，废止那些所谓的仁爱正义的行事。

③民复孝慈——民众因此就会返璞归真而顺其天性，重新回到那种自然而然的相互间恩爱亲和的生活状态中去。

④绝巧弃利——谓绝止个人的机巧之能与利益之事，而使人们无

私无欲。巧，技能，机巧。利，指私利，财利。

⑤三言——指上文三绝三弃之句。古人或以一字为一言，或以一句为一言。

⑥以为文未足——即认为以上三言所展现的文采尚且不够充分，还不能称之为精辟的警句。文，文采，辞采。

⑦令之有所属——谓使其归属于其他文句，既申明其内容，又表现出文采。属，归附，会合。

⑧见素抱朴——指思想和行为全都抱朴守真，外现朴素之行，内守淳朴之质。见，通"现"；显现，外现。素、朴，并谓质朴无华，不加巧饰。

⑨少私寡欲——谓灭弃其私心，绝止其私欲。少、寡并用作动词，意为使之减少，缩小，灭绝。欲，指贪欲。

⑩绝学无忧——谓废弃其学技益能之事，并绝止其多思深虑之心。学，仿效，效法。无，同"毋"。忧，深思，苦思。《说文》："忧，愁也。"《尔雅，释诂》："忧，思也。"

【译文】

君王若能弃置自己的聪明智慧而不用，即绝圣弃智而清静无为，就会使人民获得百倍的利益。君王若能废止所谓仁义之说而不听，即绝仁弃义而无私无欲，就会使民众重新复归其天然纯真、慈爱和顺的本性。君王若能禁绝那些机巧技能之事和货财私利之物，即绝巧弃利而抱朴守拙，就会使盗贼绝迹而实现社会安定。以上三句话虽然很重要，但把它们作为警句则还不够精彩，所以就让它们有所归附，即归属于下面的"三言"以显明其旨：既要守持其纯真的本质，又要显现出朴素的外象，使内外一致，以保持其原始的质朴；既要抑制减少其私心，又要禁绝止息其贪欲，使无私无欲，以保持其天然的纯真；既要废弃仿效学习那些机巧技艺之能，又要停止冥思苦想那些机巧货利之事，使绝巧弃利，以保持其淳厚的本性。

二十章

唯之与阿①，其相去几何②？美之与恶③，其相去何若④？人之所畏，亦不可以不畏人⑤。荒兮，其未央哉⑥！众人熙熙⑦，如享太牢⑧，如春登台⑨。我独泊兮⑩，其未兆⑪，如婴儿之未孩⑫，儽儽兮若无所归⑬。众人皆有余⑭，而我独若遗⑮，我愚人之心也哉，沌沌兮⑯！俗人昭昭⑰，我独昏昏⑱；俗人察察⑲，我独闷闷⑳。忽兮，其若海；望兮，其若无所止㉑！众人皆有以㉒，而我独顽似鄙㉓。我独异于人而贵食母㉔。

【章旨】

老子此章以自白的口吻述说了明道之君的与众不同，其见素抱朴而若愚似鄙，虚静淡泊而无欲无求。其所追求所崇尚的，只是在于体道行德。

【注释】

①唯之与阿——指人们交往时，或顺意而应诺，或违忤而叱责。唯，诺也，应答之词。阿，与"诃"同，为斥责之词。

②相去几何——谓二者之间相距有多少呢？去，背离，离开。几何，几许，多少。

③美之与恶——谓被人称誉赞美与厌恶憎恨。可见唯之与阿，美

之与恶，皆因人心之好恶生成，而非其固有之性。同一人，同一事，或顺从或称美，或违忤或指责，其实并没有太大的区别。"美"字他本或作"善"，盖后人以形近而误改。

④相去何若——义同"相去几何"。何若，何如，如何。

⑤人之所畏，亦不可以不畏人——谓虽是民众所敬畏的君王，也不可不敬畏于民众。畏，敬畏。君王若专赖威刑酷法而令民生畏，一旦民不能堪而兴起反抗，则君王或被民杀，或被民辱，而必成"其下，侮之"的结果。因此君王虽处至尊之位，也不可不对民众有敬畏之心。

⑥荒兮，其未央哉——此乃赞美宇宙之大，称赞其宽广辽阔，无边无际。荒兮，宽广、广远的样子。荒，本字作"巟"，帛书本作"望"，"望"与"荒"音同而通假。未央，没有尽头，无边无际。

⑦众人熙熙——谓人人都幸福快乐，和悦欢喜。熙熙，欢乐和谐的样子。

⑧如享太牢——谓如同享用太牢之美食一样。太牢，古代帝王、诸侯行祭祀天地神灵的礼仪时，牛、羊、猪三牲全备为"太牢"。或以其物献食于宾客，亦称太牢。享，字或作"飨"。"飨"通"飨"。

⑨如春登台——谓如同于春色盎然之中登临阳光明媚、花团锦簇的台榭一样，心情轻松自然，欢悦愉快。

⑩我独泊兮——谓只有我自己持守大道而淡泊虚静，无欲无为。泊，淡泊，恬静，无欲无为的样子。

⑪未兆——指没有任何情感欲望的要求与表露。兆，本指占卜时以火烧灼龟甲使其开裂而形成的纹络。引申之为征候，征兆，表露外现的迹象。

⑫如婴儿之未孩——意谓如同初生的婴儿一般，无欲无求，蒙昧无知。孩，通"咳"。婴儿初生，蒙昧无知，故不能咳笑也。

⑬儽儽兮——疲惫懒散的样子。字或作"傫傫"，"累累"。

⑭众人皆有余——谓众人全都多有所得。余，盈利，盈余。

⑮我独若遗——谓只有我若有所失。

⑯沌沌兮——形容质朴诚恳、老实厚道而似若愚昧无知、浑沌不明的样子。

⑰俗人昭昭——谓社会中私欲之人皆用尽心智而事事精明。昭昭，显明清晰的样子。俗人皆争名逐利，辨于纤微，故皆昭昭。

⑱我独昏昏——谓只有我自己显得愚钝昏昧而无所用心。昏昏，愚钝昏昧的样子。

⑲察察——详视明审而清晰明了的样子。俗人竞于用智，反复掂量，详视明审，故察察。

⑳闷闷——形容心志不明，懵懂无知的样子。明道之君，存真守朴，无欲无为，故闷闷。

㉑忽兮，其若海；望兮，其若无所止——意谓大千世界无边无际，悠远宽广，人们你来我往，熙熙攘攘，就像那大海一样飘摇涌荡，永无止息。忽，读作"惚"。望，读作"恍"。惚恍，形容事物的飘渺不定、微妙不测。

㉒众人皆有以——谓世人皆逞其才智而足其欲望，各自有所作为。以，作为，行用。

㉓顽似鄙——义同"顽且鄙"。意谓明道之君持守大道，无欲无知，既不通于私利又不精于算计，似若质朴愚钝之人，顽昧固陋而不通世事。顽，愚昧无知。

㉔贵食母——意谓崇尚那种恬静安详、纯真无私的自然状态。母，即乳。食母即吮食其母乳。小儿在母亲怀中吮吸母奶，无欲不贪，恬静安详，纯显了人的本性，体现了人的情感的淳真自然之美。老子"贵食

母"，就是想让人们摆脱功利私欲的困扰和侵蚀，让人性回归到初始的、纯朴的、自由的、本真的状态。

【译文】

奉承而唯诺与违忤而怒责，其间有多少差别呢？顺心而称美与逆心而厌恶，相互又有多大差距呢？（人们对于君王的或顺从或称美，或违忤或指责，其间并没有什么特别明显的区别。）因此，作为众人所敬畏的君王，也不可不敬畏于人民。（若专赖威刑酷法令民生畏，一旦民不能堪而反抗盛起，对你的唯诺就会变成斥责，对你的称美就会变成厌恶。）这世界是多么的宽广辽阔，无边无际啊！你看那世俗之众，熙熙攘攘而皆为利往，如享太牢之美味以肥口，如临春台之美景以适目。只有我独自坚守虚静无为之道，淡泊无欲，漠然无求，就好像是蒙昧无知，愚顽未化。混混沌沌如同愚昧童昏不能咳笑的婴儿，懒散倦怠好像离家失爱而无所归依。你看那众人皆求索追逐而多有所得，而我却无欲无为而若有所遗。我的心正像那傻子一样啊，混混沌沌没有欲念！众人都行私用智、处处精明，而我却无欲无求、蒙昧愚钝。众人都详察明视、非常精细，而我却懵懵懂懂，昏昧无知。这社会之广大，如同无边的海洋一样惚恍缥缈；这社会之变化，如同辽阔的海洋那样涌摇动荡。在这社会中生活的人们都以其聪明才智寻得自己的利益，只有我顽劣愚钝，恰似不开窍的傻瓜。我决不混同于世俗之众，坚持要返归于人性之本，而循守于虚静自然之道。

二十一章

孔德之容，惟道是从^①。道之为物^②，惟恍惟惚^③。惚兮恍兮，其中有象^④。恍兮惚兮，其中有物^⑤。窈兮冥兮，其中有精^⑥。其精甚真，其中有信^⑦。自今及古，其名不去^⑧，以顺众父^⑨。吾何以知众父之然也^⑩？以此。

【章旨】

此章仍是老子对"道"的描述说明：大道虽然窈冥恍惚，不可闻见，不可触摸，但其中确实有着真切具体的物象，而且这物象是可以验证而真实不虚的。从古到今，它都顺适着万事万物的生长变化而不曾脱离。因此，有德的君王必须"惟道是从"。

【注释】

①孔德之容，惟道是从——谓存有大德的君王，其行政施教，治国化民，只是顺从于大"道"。孔德，大德，此指能体道行德的君王。容，动作，行动。指君王的行政施教。

②道之为物——谓"道"之成为"道"这个东西。为物，成为其物。此谓由材质、形状、声音、动作、性情等各方面组成为一个具体之物。按："道"本非具体"物"，今称其为"物"，乃为便于申言其义。

③惟恍惟惚——即恍恍惚惚，义同仿仿佛佛，模模糊糊。形容

"道"的幽微玄妙，似有似无，可知而不可见，能说又说不清楚的样子。

④其中有象——意谓于惚恍不明之中又确实存在着可以感觉到的物象。

⑤其中有物——谓大道虽然惚恍不明，而其中确实有着内在的、可以察知到的、具体实在的物状。

⑥窈兮冥兮，其中有精——谓大道虽然幽隐不明，若有若无，而其中则有真实确切的东西存在着。窈，通"幽"。窈冥，即幽冥，形容道之深邃幽远、隐微玄妙。有精，帛书本作"有请"，并当读作"有情"，谓的确有着真实的物状存在，而并非是虚妄的。情，实情，真情。指事物的真实情况。

⑦其精甚真，其中有信——指"道"的存在是确信不疑的，确实不虚的，而且是有事实验证的。精，假为"情"。真，真实不虚，真切确实。有信，有征信，有验证。大道之运行变化有其客观规律可循，大道之化生万物有其确切效用可察，故言"有信"。

⑧其名不去——指"道"的名称从未脱离其实体。古人认为"名者，明其实也"，名、实总是相副相应的。道之为物，自古至今都确实存在，一直都在发挥着其功用而未曾停止，因此"道"的称名确是名副其实而未曾脱离的。

⑨顺众父——即顺众始，谓依循于万物的产生、出现而不曾脱离。顺，顺从，依循。众父，指天地万物；亦作"甫"。众物之始，指天地万物之由道而生。

⑩何以知众父之然——意谓根据什么知道天地万物皆自"道"而出的这个情状呢？然，指物之如此之状态，事之如此之情形。

【译文】

身有大德而为天下所拥戴的君王，其行政施教只是依循顺从于大道而已。"道"这个东西的形象特征，实在是惚恍不明而难以言状。然而，其惚恍之中却有可以感觉到的物象出现，其仿佛之间则有确确实实的具体物状存在。于窈冥幽隐之中，又处处体现出"道"的功用。并且它的功用都非常真切，确实可信而毫无虚妄。从古至今，"道"一直都确定无疑地存在着，并且经历了世间万物自始至终的发展变化。天地万物莫不由之而始，亦莫不由之而成。我何以认识和了解这个"道"呢？就是根据这些（天地万物生长变化的情况及其所反映出的客观规律）。

二十二章

曲则全①，枉则直②；洼则盈，敝则新③；少则得，多则惑。是以圣人抱一为天下式④。不自见，故明⑤；不自是，故彰⑥；不自伐，故有功⑦；不自矜，故能长⑧。夫唯不争，故天下莫能与之争。古之所谓"曲则全"者，岂虚言哉⑨？诚全而归之⑩。

【章旨】

此章引用古语并引申其义以论说事物相反相成之理，进而阐明君王当循守大道而清静无为以治理天下的道理，并以此告诫君王须谦卑处下，无欲不争。

【注释】

①曲则全——此以事物之能曲者则成其全体而得其全安，比喻君王委屈其身而守辱处下，则能全其大德。曲，弯曲，委屈。全，完全，保全。若柔弱其身，委曲其行，使顺从于外物而适应于环境，自然就能保全自己而不受伤害。如若刚强直行，必然会碰得头破血流，伤痕累累。

②枉则直——此以弯曲其物使之正直的现象，比喻君王虽屈身处下而其德行则能正直而立。枉，邪曲，弯曲。此用作动词，谓用力使物弯曲。"矫枉必须过正，不过正不能矫枉。"枉曲其物而使之超过本然

之正，松手后才能依其弹性恢复其正直之态，故"枉则直"。

③洼则盈，敝则新——谓洼地则能敛聚，故积物而能盈。而旧物败坏之后，始以新物代替其用。洼，凹地，深池。盈，增益，增多。地势高突的地方会因风雨冲刷而损坏降低，低洼的地方才能够存聚泥水而淤积增高，所以说"洼则盈"。

④抱一为天下式——谓明道之君持守虚静无为之道，以为治理天下之法式准则。抱一，或作"执一"。即循守大道而行政施教。一，指"道"。式，法式，准则。

⑤不自见，故明——谓君王不自我显露，不自我炫耀，才能以虚静之心明判是非，明知事理。自见，炫耀自己的聪明，显露自己的才智。

⑥不自是，故彰——谓君王不自以为是，不肯定自我而贬斥他人，才能得臣民拥护而彰显尊贵。自是，自我肯定。

⑦不自伐，故有功——谓君王体道行德，不妄自称美其功，不妄自宣扬己善，才能得臣民之助而成就功业。伐，自己称美自己的功绩。

⑧不自矜，故能长——谓君王不自贤其能，不自尊自大，才能得臣民爱戴而成为天下之君长。矜，自称己能而骄傲自大。

⑨虚言——虚妄而不可相信、虚无而不能落实的话语。

⑩诚全而归之——谓确确实实能够使民众全都心悦诚服地归顺于君王的统治，使天下万物圆满和谐地复归于大道。诚，真实，确实。

【译文】

那些能够柔弱委曲以顺适于外物的，才能坚韧有恒而保全其身；那些能够枉曲其身而使之协和于环境的，才能确实做到端平正直；低洼之地才能存聚泥水而逐渐淤积增高；破败之物清除之后，才能更换使用新的东西；空手抓物而知足不贪，才能有所获得；若已经握持其物而依然贪多，反而会心生疑惑而不知所措。因此明道之君总是抱一守道，以虚静无为作为其行政施教的根本法则。处世不炫耀自己，因此能明达事理而畅通于万物；理政不自以为是，因此能被人拥戴而声名显赫；不自称己功而归之于臣下，因此能使群臣尽力而功业大成；不自贤己能而虚怀若谷，因此能被人尊崇而成为君长。就是因为他不与人争，所以天下之人没有谁能够与之相争。古语所说的"曲则全"，难道是虚妄之言而不可相信吗？只要你虚静处下，无欲无为，确确实实就会使得天下之人归心于你。只要你体道行德，顺乎自然，确确实实就会使得天下万物达于大治。

二十三章

希言自然①。飘风不终朝②，骤雨不终日③。孰为此者？天地。天地尚不能久，而况于人乎④？故从事而道者同于道⑤，德者同于德⑥，失者同于失⑦。同于德者，道亦德之⑧；同于失者，道亦失之⑨。

【章旨】

此章仍以天地自然的客观现象为喻，告诫君王须循守大道而无为不言，如此则能同于道而有德。否则，就会离道而失德，背天而丧国。

【注释】

①希言自然——谓君王"行不言之教"，符合于自然无为之道。希言，即贵言、不言。自然，指事物由其本身的客观规律所支配与作用，而不加人为的影响所发生的变化。老子以为"道法自然"，凡由其自然而然者皆符合于大道。希言则因其自然，故老子赞美之。

②飘风不终朝——谓疾风虽劲却不能吹遍整个早上。飘风，疾风。终朝，指从晨旦至于早食的时段。

③骤雨不终日——谓暴雨虽急却不能整天都不停地下。骤，本指马疾速奔跑，引申之凡疾速者皆曰骤。骤雨，急风暴雨。

④而况于人乎——何况是对于能力有限且生命短暂的个人呢？

而，发语辞。

⑤从事而道者同于道——谓其举动行事，施政行教能自觉循守大道的君王，就能合同于大道而顺乎自然。

⑥德者同于德——谓其举动行事能自觉体道行德的君王，就能合同于大德而深得人心。德，得也。得物为得，得心为德。人君清静无为，顺乎自然，所行所为莫不合于大道而深得人心，故曰有德。

⑦失者同于失——谓君王行私多欲，则其行为处事皆违道弃德，自然也就离失于民心。失，指违失于道。君王之所言所行为了满足私欲而任意妄为，就会上背天意，下违民心而失道败德。

⑧同于德者，道亦德之——指那些循守于"道"而有德的君王，"道"当然也就喜欢他，关爱他，扶助他，而使其得民心，得天下。

⑨同于失者，道亦失之——指那些不能合同于大道的君王，"道"自然也就弃离于他，而丧邦失国、众叛亲离等败亡之事当然也就降临于他。

【译文】

君王的希言、贵言，即"处无为之事，行不言之教"，完全符合于自然之道。疾风虽劲，不会整个早晨总是不停地刮；暴雨虽急，也不会整天整夜总是不停地下。是谁刮风下雨的呢？是天地。以天地之大尚且不能长久不停地发泄，何况是渺小的个人呢？所以，人君的行政施教能循顺于"道"，他就能合同于"道"。其行政施教能合于民心而得到拥护，他就能合同于"德"。若其所言所行只为满足私欲而任意妄为，就会上背天意，下违民心而失"道"败"德"。那些循守大道而有德的君王，"道"当然也就关爱他，扶助他，而使他得民心，得天下。那些不能合同于大道的君王，"道"当然也就弃离于他，而使他丧邦失国，众叛亲离。

二十四章

企者不立①，跨者不行②。自见者不明，自是者不彰。自伐者无功，自矜者不长。其在道也，曰"余食赘行③"。物或恶之④，故有道者不处⑤。

【章旨】

此章文义与第二十二章大致相同，仍是劝告君王谦卑处下而虚静无为，切勿自见，自是，自伐，自矜。

【注释】

①企者不立——谓提起脚跟以脚趾站立，则竦身失衡而必不能久。企，提起脚跟用脚趾着地而立。

②跨者不行——叉开两腿欲跨步行走，则无法迈步而必不能前。跨，指两腿张开而立。

③余食赘行——指不该有而有之的多余之物。余食，多有而剩余的食物，如残羹剩饭等。赘行，即赘形。赘，附属而相连于体的多余之肉，如骈枝、肉疣等。行，通"形"，指形体。

④物或恶之——谓多余赘生的一类东西常常被众人所厌恶。物，指众人。"众望"谓之"物望"，"众议"谓之"物议"，则"物"自有"众"意。

⑤故有道者不处——指有道之君对于上述之自见、自是、自伐、自矜诸事，并厌恶鄙弃而从不作为。不处，谓不自居于以上恶事之中。

【译文】

抬起脚跟用脚尖站立就不可能持久，叉开两腿跨步前走就不可能远行。固执己见绝不会把什么事情都看得清清楚楚，自以为是也不可能把是非曲直都弄得明明白白。自我炫耀而称扬己功绝不会创建伟大不凡的业绩，自我尊大而矜夸其能也不会被民众拥戴而成为君王。这自见、自是、自伐、自矜的行为，在"道"看来就如同残羹剩饭、赘肉骈枝，都是多余无用的东西。凡人大众都还厌恶它们，有道的君王自然也不会与之为伍而居处其中。

二十五章

有物混成，先天地生^①。寂兮寥兮^②！独立而不改，周行而不殆^③，可以为天地母^④。吾不知其名，字之曰道^⑤，强为之名曰大^⑥。大曰逝^⑦，逝曰远，远曰反^⑧。道大，天大，地大，王亦大。域中有四大^⑨，而王居其一焉。人法地^⑩，地法天^⑪，天法道^⑫，道法自然^⑬。

【章旨】

此章依然是对"道"的描述和说明，重申"道"的恒久性、普遍性、独立性、本原性以及它的巨大作用。告诫君王行政施教必须要循守大道而顺其自然。

【注释】

①有物混成，先天地生——谓道之为物恢弘广大而混沌不明，它早在天地产生之前就已经出现了。混成，混然而成。言其为物之幽隐玄妙，惚恍不明，不可得其形，亦不可定其名，若物之混然者。

②寂兮寥兮——谓道之为物幽隐虚静，无声无息。寂，寂静，无声无息。

③独立而不改，周行而不殆——指道之运化虽周遍万物而通达古今，却始终不失其常而永无停息。独立，独自存在而无匹无双。宇宙之

间无一物可比于道，故言"独立"。周行，遍行于万物，谓时时事事处处它都在不停地运行。

④天地母——指天地万物之本源。大道化生天地万物，所以说为"天地母"。

⑤字之曰道——意谓称呼它的字叫作"道"。字，代名之称谓。此用作动词，意为给它起一个字。古人有名有字，合称名字。

⑥强为之名——勉强为它起一个名称。道之为物，视之不见，听之不闻，搏之不得，其混沌不明而无处不在，故难以名状。为了论说的需要又不得不为它命名，所以老子说"强为之名"。

⑦大曰逝——此言因为其大，故能远逝。曰，而，则，就。逝，远行而去。

⑧远曰反——谓远至其极则能复返其本。反，同"返"，回返，返归。

⑨域中有四大——谓邦域之内有四物可以称之为"大"。四大，指道、天、地、王四物。河上公曰："道大者，包罗天地，无所不容；天大者，无所不盖；地大者，无所不载；王大者，无所不制。"

⑩人法地——谓人以大地为法则、为依据而行事。法，效法，依据；用作动词。君王为众人之长，此言"人法地"，则君王亦包括其中。

⑪地法天——谓大地以上天为法则，依据上天的运转变化而寒暑交替，化育万物。

⑫天法道——谓上天以大道为法则，即顺从依据于"道"而运行变化。

⑬道法自然——谓道以自然为法则，为依据，无为自化，自然而然。自然，指没有人为的作用与影响，万事万物依循其各自的客观规律自由自在地发展变化而成其当然之状。

【译文】

在天地未成之前，有一个混混沌沌的"物"就先已存在了。它是那样的空虚寥廓啊，又是那样的寂寞宁静！它独立于世而无物可比，从古至今没有丝毫的改变；它时时事事都在发挥着作用，遍行于万事万物而毫不倦怠。它真可以说是天地万物的本原。我不知道应该如何称呼它，给它起了个字叫作"道"，勉强为它起了个名叫作"大"。由于其大，所以就不断地发展延伸而行逝向前；由于其不断地行逝向前，所以就渐渐达于旷远；而当其达于旷远而极至时，则又返还其本原。故此说，道大，天大，地大，君王也大。邦域之中凡有四物可称之为大，君王仅为其中之一。人们依据于大地而生活劳作，繁衍生息；大地依据于上天而寒暑交替，化育万物；上天依据于大"道"而运行变化，排列时序；大"道"则依据其自然之性，顺其自然而成其所以然。（天地之大皆依据于大道而顺其自然，君王当然也须循守大道而顺其自然了。）

二十六章

重为轻根①，静为躁君②。是以君子终日行，不离其辎重③。虽有荣观④，燕处超然⑤。奈何万乘之主而以身轻天下⑥？轻则失本，躁则失君⑦。

【章旨】

此章乃以日用生活常识为喻，告诫君王不要被外部的荣华富贵所引诱而轻浮无根，不要被世俗的追逐欲望所影响而躁动不安，必须处虚守静而无私无欲，超然物外而晏然自处。

【注释】

①重为轻根——意谓厚重之物居下，若轻浮之物的根基。轻浮之物虽动荡不止，而最终必不能弃离重物远去。

②静为躁君——谓虚静无为乃事物之常态，物之烦躁扰动虽急虽盛，而最终必归之于静止。躁，疾行，躁动。受地球引力的作用，凡物重者则处下，其轻者则居上。而物之躁动者必归于静，似若虚静者为万物之主而可以制驭其动，故老子有此言。

③不离其辎重——谓不脱离其赖以生存的基础。辎重，泛指外出远行所携带的物资。

④荣观——繁华的漂亮的宫馆。荣，繁华，华美。观，与"馆"

通。又"观",亦指宫阙，楼台。

⑤燕处超然——谓明道之君安然自处，不为所动。燕处，亦作"宴处"，安然而处。燕，安静，安闲。超然，不为外物所动，超乎物外的样子。

⑥奈何万乘之主而以身轻天下——言大国之君为何要因为满足自己的私心贪欲而看轻天下国家呢？奈何，为何，为什么。老子伤痛于诸侯之君的贪财足欲，遂有此发问之辞。万乘之主，指大国之君。万乘，指万辆兵车及士卒所组成的军队，诸侯国之大者才能有此军事力量。

⑦轻则失本，躁则失君——意谓轻浮妄动则失去了君王的立身根本，而贪欲足求则脱离了君王的行为原则与主旨。

【译文】

厚重是轻浮的根基，清静是躁动的君主。因此君子离家远行，始终都不会离开他赖以生存的粮草辎重。即使有繁华富丽的宫馆可以享受，他也安心静气，超然物外而不为所动，唯恐致病害身而丧国败家。为什么一个大国的君王，却因为自身的私心贪欲与追求享乐，而看轻天下国家以至于弃置不顾呢？行私贪求就等于丧失了自身存在的根本，多欲躁动就等于脱离了清静无为的基础，这还怎么能治理好家国天下呢？

二十七章

善行者无辙迹^①，善言者无瑕谪^②，善数者不用筹策^③，善闭者无关楗而不可启^④，善结者无绳约而不可解^⑤。是以圣人恒善救人故无弃人^⑥，恒善救物故无弃物^⑦，是谓袭明^⑧。故善人者，善人之师^⑨；不善人者，善人之资也^⑩。不贵其师，不爱其资，虽智乎大迷^⑪，是谓要妙^⑫。

【章旨】

这里的所谓"善"，皆为"道"之所善而非世俗之所善，乃指顺乎自然而不加人为。其实是告诫君王只有虚静无为，顺其自然，才能人尽其才而物尽其用。

【注释】

①善行者无辙迹——谓善于行走者能够不留痕迹而使人察觉。辙迹，行走时所经过之处留下的痕迹。车行称辙，步行称迹。

②善言者无瑕谪——谓善于论说者能够圆满动听而不出差错。瑕谪，瑕疵，毛病，差错。

③善数者不用筹策——谓善于计数者不必使用算筹等工具，就能计算得十分准确。数，计数，计算。筹策，即算筹，古代计算时所用的工具，多以竹木制成。

④善闭者无关楗而不可启——谓善于禁闭门户者虽不使用关楗等物，所禁闭的门户也不能被打开。关楗，指禁闭门户所用的工具，横持关木以禁闭门户，竖持楗以锁固关木使不得抽动。楗，字或作"键"，亦即"龠"，字或作"鑰"，或作"籥"。

⑤善结者无绳约而不可解——谓善于结缔者虽不用绳索捆束，被捆缚者也不能轻易解开。结，缔结。绳约，用绳索缠束捆绑。

⑥恒善救人故无弃人——意谓明道之君常常能够使人尽其才，因此也就没有废弃无用之人。救人，帮助别人而使之尽其才能。

⑦恒善救物故无弃物——谓经常能够根据器物的材质情况任用之，使物尽其用而不被闲置废弃。

⑧袭明——谓能明知于大道而时时事事循行顺从之。袭，因循，因袭。袭、习古通用。明，谓能明知于常道。十六章云："知常曰明。"

⑨善人之师——指善人所当学习的师长。

⑩善人之资——指善人赖以成其善行的资本。资，货财，资财。

⑪虽智乎大迷——意谓即使是社会上非常聪明的人啊，也会疑惑不明而陷于昏昧之中。大迷，极度的昏昧，非常的迷惑。

⑫要妙——指事物之精微玄妙而不可言喻者，此指大道。字或作"幼妙"、"幽妙"。

【译文】

那些善于行走的人，绝不会留下辙痕足迹而被人发现；那些善于论说的人，也不会出现错词误语而遭人谴责；那些精熟于计数的人，用不着使用算筹之具就能计算的准确无误；那些擅长禁闭门户的人，用不着关键锁具就能闭合得牢固严密而不易开启；

而那些专精于结扎捆缚的人，即使不用绳索来缠束捆扎，别人也无法解开。（世间万物各自有其本身的客观规律，应物之性，因物之数，顺其自然而不设不施，则无所不成。）所以明道之君用人利物而治理天下时，总是能人尽其才而无废弃之人，总是能物尽其用而无闲置之物，这就是循守常道而顺其自然。故而那些贤能的善人，乃是善人所当效法的老师；而那些不善之人，则是善人所以借鉴的助资。如果不尊敬那些老师，不珍重那些借鉴之资，就是聪明人也会被弄得头昏脑乱，迷惑不清。这些就是幽微精妙的"道"理。

二十八章

知其雄，守其雌①，为天下溪②。为天下溪，恒德不离③；恒德不离，复归于婴儿④。知其白，守其黑⑤，为天下式⑥。为天下式，恒德不忒⑦；恒德不忒，复归于无极⑧。知其荣，守其辱⑨，为天下谷。为天下谷，恒德乃足；恒德乃足，复归于朴⑩。朴散则为器⑪，圣人用之，则为官长⑫。夫大制无割⑬。

【章旨】

老子以为，君王虽心知于雄健进取，却当自守于柔弱虚静而无为不言。虽心知于荣华显贵，却当自居于污辱之地而卑微处下。君王应像那朴木一样，虽具万物之质而不成一物之形，虽御天下万事而不施一官之职。

【注释】

①知其雄，守其雌——意谓其心明知于进取有为之事，而能持守于虚静无为之道。雄，喻指阳刚之气，进取有为之心，争先取胜之事。雌，喻指阴柔之性，虚静无为之心，守辱处下之事。

②为天下溪——成为天下人所归往聚集之地，就像是汇聚天下的溪谷一样。溪谷虽处于卑下空虚之地而水流汇聚其中，此喻有德之君使万众自归之。

③恒德不离——谓能如此行事，那君王的大德就会永远不离其身。河上公曰："人虽自知其尊显，当复守其卑微。去其雄之强梁，就其雌之柔和，如是则天下归之，如水之流深溪。人能谦下如深溪，则德常在，不能离于己也。"

④复归于婴儿——意谓返归于纯真质朴之境，有如新生的婴儿一般。此以初生婴儿的纯真质朴、生机勃勃，喻指君王的无知无欲、神全气和。

⑤知其白，守其黑——意谓其心明知于荣耀显赫之事，而能独守于卑微低贱之境。白，彰明，显耀。喻指身居崇高尊尚之位。黑，暗昧不明。喻指身处卑微污辱之处、默默无闻之地。

⑥为天下式——成为天下人所效法尊尚的楷式。式，法式，楷模。

⑦恒德不忒——谓能如此行事，那君王之德就会保持恒久而不会败坏。忒，差错。

⑧复归于无极——意谓返归于幽隐玄妙的大道之始。无极，无穷极远之处，幽深玄妙之地，此指化生天下万物之大道。

⑨知其荣，守其辱——意谓其心明知于荣耀尊贵之事，而能甘心居守于污辱低下之地。

⑩复归于朴——谓能如此而行，则能返归于质朴无华、无为不言之地，如同那朴素的原木一般。朴，原木，指树木未经刀锯加工雕琢的原始状态。此以朴木喻指明道之君的纯正质朴，无为不言，虽不成一物而无所不可成，虽不守一事而无事不可通。

⑪朴散则为器——谓朴木被裁割分解后，则用以制作成各种不同用途的器物。器，器物，器具。亦指各种器物不同的用途。

⑫圣人用之，则为官长——谓明道之君治理国家时依据此理则设置任命了各种不同职能的官长。之，代指"朴散为器"的道理。

⑬大制无割——意谓总理万机的君王当为百官之长，决不能分守某职有如专用之器。大制，即天子之制，帝王之命。无割，不分裂裁割使其离散为专用之器。君王总理万机而宰制万物，不主某一具体之事，不守某一官职之用，故曰"无割"。对君王而言百官则为器，因各守一职而各施一用。对百官而言君王为大制，故总理万机而裁制万物。

【译文】

虽然明知于自己身居至尊之位，可以进取有为，但却持守柔弱和顺之性，循行清静无为之道。君王如此，则能虚怀若谷而令天下之人归心。能够虚怀若谷而使天下归心，就会永远也不离散其德，就能返归于纯真质朴、无私无欲的境界如同那初生的婴儿一样。虽然周知于天下国家之事，其心聪明智慧，昭然如日，但却昏昏默默如痴如愚而无所知见。君王如此，则能得民众爱戴而成为天下人的法式。能够知白守黑而为天下人的法式，就会丝毫也不偏差其德，就能回归到万物之始的幽隐玄妙之地。虽然早知道自己可以享受荣华富贵，从而显赫荣耀，但却甘心于虚静淡泊，自处于污辱低下之地。君王如此，则能得民众归往犹如那百川所汇聚的深谷。能够得民众归往如同百川汇聚的深谷，就会永远具有充盈旺盛的大德，就能返归于纯真质朴的原始状态。（原始之朴木，虽无一物之形，而具万物之质。）朴木经锯割分解，就能加工制作成各种器物。器尽一用，各有所长。明道之君则依据此理而因才授职，分设百官。君王绝不以私意侵夺官长之职而亲任庶事，这就是所谓的"大制无割"。

二十九章

将欲取天下而为之①，吾见其不得已②。夫天下，神器也③，非可为者也。为之者败之，执之者失之④。故物或行或随⑤，或歔或吹⑥，或强或羸⑦，或培或墮⑧。是以圣人去甚，去奢，去泰⑨。

【章旨】

老子见世间贪欲盛行而人人汲汲以求，君王亦锐意进取而志在必得。乃告诫君王切勿以一己之私欲而任意妄为，若执意取天下而为之，必定会遭遇失败。

【注释】

①将欲取天下而为之——谓君王想要执取国家天下，并依照自己的欲望心志而随意安排处置。取天下，则以天下为平常之物，毫无崇敬之心而欲抓取之，把玩之。

②吾见其不得已——我看那是肯定不会成功的。得，获得；引申为实现，成功。如此之君上不合天道，下不合民心，其无德可言，故"不得"。已，同"矣"，语气词。

③天下，神器也——谓天下国家并非平常之物而任由人们随意处置，乃是只可敬仰与顺从的神明之器，神灵之物。

④为之者败之，执之者失之——依照个人的志欲好恶去摆弄天下国家，那必定会使得国家衰败，民众离散。既无崇敬之心而随意执取它，那就必定会失去它。王弼注云："万物以自然为性，故可因而不可为也，可通而不可执也。物有常性而造为之，故必败也。物有往来而执之，故必失矣。"

⑤故物或行或随——谓事物的发展原本就像人们的行动一样时而前行，时而随后的。或，不定之词，有时这样，有时那样。

⑥或歔或吹——谓事物的变化原本就像人们的气息有歔有吹一样，是时而轻缓，时而迫急的。歔，同"嘘"。轻缓地吐气为嘘，急速地吐气为吹。

⑦或强或羸——谓事物的发展过程中原本就是有时强盛，有时羸弱的。羸，软弱，瘦弱。

⑧或培或隳——谓事物的不断变化中原本就有时培益增多，有时坍塌毁坏。培，增益，培附。隳，毁坏，坍毁。

⑨去甚，去奢，去泰——谓去除那些着意而为的违正过度的行为。甚、奢、泰皆过限、过度之词。凡人们不能合于事物之自然、不能顺乎事物之本然的行为，则过其中而违其正，即为甚、奢、泰。

【译文】

想要占有天下而执取政权，然后按照自己的心思意愿去发号施令，任意处理，（那将上不得天道，下不得人心，）我看那肯定是行不通的。天下并非一人的天下，国家并非一人的国家，其神圣而不可亵渎，神明而不可轻忽，是不能够按照君王个人的好恶欲望来随意摆弄的。那任意妄为的人必然会遭遇败亡，那执意攫取的人必然会全部丧失。万事万物总是在不断地发生着转化，有看似在先却反而随后的，有看似缓慢却反而急促的，有强盛壮大转而羸弱疲软的，有培附增益转而坍塌毁坏的。（故因其势而行之，则简易而合理；违其性而为之，则烦劳而愈乱。）所以明道之君总是循守常道，顺乎自然，（不以自己的意愿去做那些所谓的美善之事，不以个人的心志去做那些违背情理之事。）摒弃那些过度的、夸大的、极端的行为。如此，则可以畅万物之情而适万物之性，进而实现天下大治。

三十章

以道佐人主①，不以兵强于天下②。其事好还③，师之所处，荆棘生焉④。善者果而已矣⑤，勿以取强焉⑥。果而毋骄，果而勿矜，果而勿伐，果而毋得已⑦，居是谓果而不强⑧。物壮则老⑨，是谓不道，不道早已⑩。

【章旨】

老子此章以用兵作战为喻，劝告君王切勿骄矜伐功，泰奢过分，因为事物的规律就是强壮至极则逐渐走向反面而变为衰老。

【注释】

①以道佐人主——谓君王当以虚静无为之道辅助、护卫自己而治理天下。佐，辅佐，辅助。有护卫，庇护意。

②不以兵强于天下——不要使用军队逞强行暴而压服天下之人。强，强暴，逞强。

③其事好还——指人们所为之事经常得到报应、报复。好，爱好，喜欢。此指经常容易发生某种事情。还，返还，复返；引申为报应，报复。

④师之所处，荆棘生焉——指军队所经过而战争发生的地方，往往都变得荒凉残破，荆棘丛生。师，此指军队。荆棘，泛指山野间丛生的带刺灌木。战事起则农事废，农事废则荆棘生。

⑤善者果而已——意谓最佳的情况是能胜敌济难则停止其事。果，胜敌，克敌。

⑥勿以取强——不要过分用兵，胜而不止，强暴于敌。强，有强盛、强暴、过分等义。老子以为，敌来攻伐，不得已而应战，胜之则止，不必穷兵黩武而过分逞强。

⑦果而勿伐，果而毋得已——谓君王虽用兵取胜于敌，而外不称扬其功，内不洋洋自得。伐，自称己功。已，同"矣"，语助词。

⑧居是谓果而不强——谓常能安处于以上四点，则为用兵胜敌而不逞强暴。是，此。指果而毋骄，果而勿矜，果而勿伐，果而毋得四事。

⑨物壮则老——犹如"物盛必衰"，谓物之壮盛者必然至于衰老、衰败。

⑩是谓不道，不道早已——指上述自矜、自伐、骄横、取强等做法全都不符合于虚静无为之道。而不合于大道者必定很快就会终结消亡。已，停止，终结。

【译文】

君王（当体道行德，虚静无为。）要用大道来辅助自己治理国家，不要因为私心贪欲而用武力兵事来逞强于别国。世间之事常常总是返还其始而报应其初的。军队所驻扎经历的地方，必然会荆棘丛生而灾害相连，造成田园荒废而人民受难。最好的状况是胜敌之后就偃旗息鼓，停止用兵，不要胜而不止，过分强暴于敌。胜敌之后不要骄傲自大，胜敌之后不要矜夸逞强，胜敌之后不要炫耀功绩，胜敌之后不要洋洋自得。能安处于以上几点，就叫作克敌制胜而不逞强暴。所有事物都是壮盛之后继而疲惫衰败的。胜敌而取强，就是壮盛的体现。这样的行为是不符合常道的，而不合于常道的事物都会及早衰亡。

三十一章

夫兵者，不祥之器也①。物或恶之，故有道者不处②。君子居则贵左③，用兵则贵右，故兵者非君子之器也。兵者不祥之器也，不得已而用之，铦袭为上④。勿美也⑤，若美之，是乐杀人也。夫乐杀人，不可以得志于天下矣！吉事尚左，凶事尚右⑥。是以偏将军居左，上将军居右⑦，言以丧礼处之也⑧。杀人众，以悲哀泣之⑨；战胜，以丧礼处之。

【章旨】

这里告诫君王千万不要好战喜兵，因为用兵作战就要杀人，杀人众多就不能得到民众的拥护。迫不得已而用兵，也要尽量少杀人。因战争而杀人，则要内存悲哀之心。就是取胜了，也不能称扬其功。

【注释】

①夫兵者，不祥之器也——兵者，本指矛戈剑戟一类的武器。此引申指军队、战争等事。不祥之器，不能给人们带来祥瑞而只会给人们带来灾祸的器物。祥，福瑞，祥善。

②物或恶之，故有道者不处——意谓那些不祥之物时常被众人所厌恶，故有道之君绝不以喜兵好战自居。

③君子居则贵左——指有德之人其日常居处时总是以左为贵。贵左，以左为贵，即尚左。贵左即贵生，贵生则不愿用兵。贵右即贵死，用兵争战则贵死。君子虚静处下，无为不争，而用兵乃为争战，所以说"君子居则贵左"。

④铦袭为上——谓不得已而用兵，则应以锐利之兵突击轻袭以胜敌为最善。铦，锐利，锋利。袭，轻装突袭，攻敌不备。

⑤勿美也——谓虽用兵取胜，也不要称美宣扬其事。美，外则称美赞誉，内则洋洋得意。

⑥吉事尚左，凶事尚右——谓吉利之事如朝觐祭祀等则以左为贵，即贵尚居左，而兵事、丧事等不吉利者则贵尚居右。古人以为左贵生，生则吉利，故吉事尚左。右主阴，阴主死，故凶事尚右。

⑦偏将军居左，上将军居右——指兴兵出师时，偏将军之位处于上将军的左边，上将军之位处于偏将军的右边。

⑧言以丧礼处之——这就表示是要用处置丧事的态度与仪式来对待战事。

⑨杀人众，以悲哀泣之——谓用兵往往杀人众多，因此要以悲哀之情临视其事，而不要以杀人取胜为美事。泣，同"莅"。

【译文】

矛、戈等兵械武器，是不祥瑞的东西。用兵作战残杀民众，是非常有害的事情。众人时常都厌恶它，所以有道之君绝不会自居于兵战之地，绝不以强兵胜战来自我炫耀。君子之居处往往尊阳而贵生，而用兵作战却是主阴而贵死，所以矛戈等兵器不是君子应该使用的器物。用兵作战是不祥瑞的事情，只是在迫不得已时才使用它，并且应该以锐利之兵轻袭突击以胜敌为上。切不可以强兵胜敌而夸耀称美、心中得意。如果内心得意而大加称美，这是喜欢杀人；喜欢杀人的君王是不能够得到民众拥戴而实现治理天下的意愿的。凡吉利之事往往崇尚居左，凡凶祸之事往往崇尚居右。用兵杀人为凶事，所以用兵出师时，总是让偏将军处于左侧，而作为军队主帅的上将军须居于右侧。这就表示，是用处置丧事的礼仪和态度来对待战事。战争中杀人众多，老者失其子女，幼儿丧其父母，所以要用悲哀的心情来对待它。即使战胜了敌国，也不可宣扬称美，一定要用办理丧事的礼仪来处置其事。

三十二章

道恒无名，朴①。虽小，天下莫能臣也②。侯王若能守之，万物将自宾③。天地相合以降甘露④，民莫之令而自均焉⑤。始制有名⑥，名亦既有，夫亦将知止⑦。知止，所以不殆。譬道之在天下，犹川谷之与江海也⑧。

【章旨】

此章重在说明道的作用与功效。大道无形无名，幽隐玄妙，有如朴木一般，虽不成一物之形，却兼具万物之质。人君体道而行，则万物和谐，万民均安。

【注释】

①道恒无名，朴——无名，不可称名。道先天地而生，视之不可见，听之不可闻，搏之不可得，幽隐无形，故不可称其名。朴，指未经加工制作的原木。朴木未经刀锯雕琢，不具一物之形，而具万物之质，可成万物之用，所以老子用"朴"以喻"道"。此言大道总是那样幽隐玄妙，无形无名，有如朴木一般。

②虽小，天下莫能臣——意谓道虽幽隐不见，而其作用则至为宏大，天下万物没有谁能够控制它，役使它。小，指道的幽微精妙。道无形无名，言其无时无处不在，无事无物不从，可称为"大"。言其精微

玄妙，不可闻见，不可触及，又可称为"小"。

③万物将自宾——谓天下万物自然而然就能敬顺服从于它。宾，用作动词，服从，心悦诚服。

④天地相合以降甘露——意谓天地间阴阳和谐而雨露滋润，万物繁茂而国泰民安。甘露，即雨露。雨露滋润则万物生长，风调雨顺而人寿年丰。

⑤莫之令而自均——没有谁命令它就会自然而然地均平调理，各适所宜。

⑥始制有名——始制，指制度创设之初。有名，指确立百官的名称、职责等。朴木经刀锯解散则制为百器，而各器自专其用，自行其名。君王创立制度后，群臣百官实际的责任、工作的范围等则相继确立，于是就有了对应的名号可称，因此说"始制有名"。

⑦名亦既有，夫亦将知止——知止，指明确百官各自的职责范围与管理权限，使不得任意超越。老子以为成百器若制百官，百器有名则各有专用，百官有名则各尽其职。百器各专其用则诸事条理，百官各行其职则天下大治。君王创立制度则任命百官，使之各司其职，各主其事。所以说"名亦既有，夫亦将知止"。

⑧譬道之在天下，犹川谷之与江海——此乃比喻大道在天下的情形，道为万物之主，有如江海之为川谷之王。譬，比喻。

【译文】

大道总是那样幽微玄妙而不可见其形，亦不可称其名，就如同那具备万物之质的朴木一样。（可成万物之形，可任万物之用。）虽然它看似幽微渺小，但天下万物却没有谁能够役使它，没有谁能够支配它。诸侯君王如果能够守道而行，无欲无为而顺其自然，那世间万物就会自然而然地服从于它。天地间就会阴阳相和而风调雨顺、物茂年丰。人民就会没有谁去命令他们却自适其宜，和谐安乐。（如同朴散则为器一样，人君也须设官分职，确立制度。）而从创设制度开始，也就有了相应的名称得以确立。其名称确立以后，百官也就明确了各自的职任权限。履行自己的职责而不做越轨之事，万事万物就会畅通调理而没有危殆。如果比喻"道"在天下的情形，那就好像河川溪谷之水汇入大江大海一样，天下万物也都归往汇集于大"道"。

三十三章

知人者智也^①，自知者明也^②；胜人者有力也，自胜者强也^③。知足者富也^④，强行者有志也^⑤；不失其所者久也^⑥，死而不亡者寿也^⑦。

【章旨】

老子此章通过"知人"与"自知"、"胜人"与"自胜"所得结果的对比，阐明了道家所谓智、明、力、强等事的涵义，强调了君王自我修养以至无私无欲的重要意义。

【注释】

①知人者智——能够察知明了于他人的心志言行者最有智慧。

②自知者明——能够正确地认识自己而明知于自身的长短优劣的人则最为圣明。

③自胜者强——谓能够战胜自我，没有私心贪欲的人才真正强健。自胜者，即十九章所言之"见素抱朴，少私寡欲，绝学无忧"的君王。

④知足者富——无私无欲之人不贪求外物，不志在必得，其心满意足，当然也就最为富有。

⑤强行者有志——谓尊尚大道且勉力循行者才最有思想。志，思想，心志。循守大道而勤能行之，则其志必获，所以说"有志"。

⑥不失其所者久——此喻君王的行政施教不弃离于虚静无为之道，才能不失其位而存身长久。不失其所，不失去他的存身之所，不脱离他的生存环境。如鱼不离水，虎不离山等。

⑦死而不亡者寿——谓虽其身死而不被人们遗忘者才算长寿。亡，与"忘"同。忘，会意字，从心从亡，亡于心也。死而不亡者，其形虽死，而其神不亡，永远传诵于世而不被遗忘，所以说"寿"。

【译文】

能够透彻了解别人的思想行为的人确实聪慧，而能够正确认识自身的长短优劣的人则最为明智。能够战胜敌手的人确有力量，而能够战胜自我的人才真正强大。有知足之心而不贪得无厌的人才算富有，能够勉力行道而不为私欲所惑的人则最有思想。不离弃而失去适宜他的生存环境就能够生命长久，而那些身死之后却被人们铭记在心而不能忘怀的人则永垂不朽。

三十四章

大道泛兮，其可左右也①。万物恃之而生而不辞②，成功遂事而不名有也③。衣养万物而不为主④，则恒无欲也，可名于小⑤。万物归焉而不为主，可名于大⑥。是以圣人之能成其大也⑦，以其终不自为大，故能成其大。

【章旨】

此章通过对"道"的普遍广大、无私无欲的肯定与赞颂，说明人君应当体"道"而行，"终不自为大"，才能受到万民拥戴而"成其大"。

【注释】

①大道泛兮，其可左右——大道是那么的普遍广博啊！它时时处处都无所不在。泛，大水泛滥漫延。引申为普遍，广博。左右，用作动词，指大道的或左或右，任意由之而无所不在。

②万物恃之而生而不辞——谓天地万物倚赖大道而生育长成，而大道并不造设，不为始。不辞，义同"弗始"；不为创设。指不欲立功生事而能无为不言，顺其自然。说详第二章。

③成功遂事而不名有——谓大道虽然造就万物，成就万事，却并不占为己有，并不宣扬自己有功绩。名，表明，宣扬。

④衣养万物而不为主——谓大道虽抚养保护天下万物，却并不自为万物之主而干预其生育长成。衣养，保护抚育。衣，用如动词，穿衣。引申为覆被，保护。

⑤可名于小——可以据此而称呼其名为"小"。名，命名，称名；用作动词。此句主语为"道"，谓道之"衣养万物而不为主"，道之"恒无欲"，道之"可名于小"。"道"不争功，不炫耀，无私无欲，隐微而不可见，玄妙而不可知，所以说"可名于小"。

⑥可名于大——万物皆归聚于"道"，而"道"为其君，据此则可称名其为"大"。

⑦成其大——谓明道之君居处于君王之位而为天下人所归往，似若成就了君王的尊贵与伟大。

【译文】

大道是多么的普遍广博啊，它或左或右，无所不在。古往今来，天地万物倚赖它生存与发展，它却从不因此而创设兴作。天下万事由于它而成就功业，它却从未以此自我夸耀。虽然它保育抚养天地万物，却从不谋求主宰它们。它总是无私无欲，虚静无为，因此可以把它称名为"小"。天地万物虽然归依于它，它却从不主宰支配万物，它原本就无名无形，无所不在，因此又可以把它称名为"大"。因此明道之君能够被人尊崇而统治天下的根本原因，就在于它自始至终都不妄自尊大而能虚静处下，所以才能够为天下人所归附和拥护，而成就其君王的尊贵与伟大。

三十五章

执大象，天下往①。往而不害，安平太②。乐与饵，过客止③。道之出言也，淡兮其无味④。视之不足见，听之不足闻，用之不可既⑤。

【章旨】

此言人君能循守大道，就会万民归心，天下大治。与音乐美食的诱人悦客不同，道法自然而虚静平淡。然而，道之出言虽清淡乏味，它的功用却是巨大无比的。

【注释】

①执大象，天下往——谓君王持守无为不言之道而顺其自然，天下的民众就会全都归往他而尊其为君。执，握持，持守。道幽隐无形，如何可执？此言执者，意谓循守大道有如手之执物而无所脱失。大象，即大道。道本无形可见，而"惚兮恍兮，其中有象；恍兮惚兮，其中有物"（见二十一章），因此老子称其为"大象"。

②安平太——于是就会和平安泰。安，义同"焉"，乃，则，于是。太，通"泰"，安宁，安泰。天下之人往归于有道之君而又无伤无害，无忧无虑，自然就会出现和平安泰的景象。

③乐与饵，过客止——谓若有歌乐、美食以供享受，则过往的宾

客定会留恋止步。饵，本指面饼类食品，引申而泛指食馔之物。

④道之出言也，淡兮其无味——意谓解说"道"的话语平淡无奇，淡然无味，并不能如"乐与饵"之类能吸引世人而得到喜爱。出言，发言，说话。此指解说阐明"道"的内容与宗旨的话语。

⑤用之不可既——谓循行大道之宗旨，可用于天下万物而不可穷尽。既，完了，终结。

【译文】

明道之君持守大道而行政施教，就会吸引天下的人民往归于他。归附于他又不会受到伤害，就会出现和平安泰的景象。那悦耳的音乐和美味的佳肴，能够吸引来往的行客停留止步。而大道所言说的内容，则总是那样的平平淡淡、无趣乏味。用眼看它则幽微玄妙不能看见，用耳听它又无声无息不能听到，然而用它治理天下国家，那效用却是无穷无尽、无边无际的。

三十六章

将欲歙之，必固张之^①；将欲弱之，必固强之；将欲去之，必固与之^②；将欲夺之，必固予之^③。是谓微明^④。柔弱胜刚强^⑤。鱼不可脱于渊，国之利器不可以示人^⑥。

【章旨】

此章以事物中总是存在着相互对立又相互依存的两个方面，它们又总是在向相对的方面转化的客观规律为依据，强调"柔弱胜刚强"是"道"所规定的基本原理。并以此告诫君王：柔弱处下，无为不争，乃是治理天下国家的利器。

【注释】

①将欲歙之，必固张之——假如将要使其物聚合收敛在一起，那它原本就一定要是已经开张扩展的。歙，收缩，聚合。义与"翕"同。必，则，就；承接连词。固，本然之辞。

②将欲去之，必固与之——如果要想现在弃离于他，那原本就必定是早已亲近于他的。去，离开，弃离。与，亲近，亲密。

③将欲夺之，必固予之——谓假如要想夺取其所有之物，则必定先要给予其物。予，给予，赐予。

④微明——即微而明，意谓起于微隐而成于显明，乃指微妙而显明的道理。

⑤柔弱胜刚强——意谓能循守大道而自处于虚静柔弱者最具生命力，最有发展力，因此能够战胜那些外表健壮强大而实则走向衰亡者。

⑥国之利器不可以示人——国之利器，即利国之器。此指君王循守于柔弱处下，清静无为之道。示，告诉，告知。又示，通"视"。以目视物为视，以物示人为示。乃为同一事物的两个方面，故常通用。不可以示人，乃告诫君王须深藏于中而不可使人知之。

【译文】

世间之物，将要收缩时，必定要原本就先有扩张；将要软弱时，必定要原本就先有强硬；将要离弃它时，必然要原本就先有对它的亲近；将要夺取其物时，必然要原本就先有对它的给予，这些都是看似微妙而十分显明的道理。所以，那些自处于虚静柔弱的事物，一定能够战胜那些刚健强大的事物，这就是"柔弱胜刚强"。像鱼儿藏身渊潭之中而不能脱离于水一样，明道之君时刻也不能弃离于虚静无为的大道。而这个利国之器，是要深藏不露而不能随便告诉别人的。

三十七章

道恒无名①，侯王若能守之，万物将自化②。化而欲作③，吾将镇之以无名之朴④。镇之以无名之朴，夫亦将不欲。不欲以静，天地将自正⑤。

【说明】本章许渊冲英译所据原文与上文差异较大，兹录如下：

道常无为，而无不为。侯王若能守之，万物将自化。化而欲作，吾将镇之以无名之朴。镇之以无名之朴，夫将不欲。不欲以静，天下将自定。

【章旨】

此章重申"道"的隐微玄妙，虚静无为。并明确指出，君王能够循守虚静无为之道而无私无欲，国家自然就会长治久安。

【注释】

①道恒无名——谓"道"总是幽隐玄妙而不见其形，不可称名。已见于三十二章，此乃重出。

②万物将自化——天下之众就会自然而然地顺从教化而实现大治。万物，指万民，万众。自化，自然而然地达至和谐安定的状态而实现大治。

③化而欲作——谓君王在其行政施教之时，心中或者会萌动而产生贪欲私念。作，出现，兴起。

④镇之以无名之朴——谓将以虚静无为之道镇服心中所起之贪欲私念。镇，压服。无名之朴，即"道"。三十二章云："道恒无名，朴。"道主虚静无为，顺其自然，柔弱处下，少私寡欲，因此可以镇伏其私欲的萌动与兴起。

⑤不欲以静，天地将自正——意谓君王心中不生贪欲而能虚静无为，天地间就会阴阳相合，四时相应，风调雨顺，万民安乐。自正，自然而然地归于正常，而天地万物达于大治。

【译文】

"道"总是不可见其形，亦不可称其名的，总是顺乎自然，而无欲无为的。诸侯之君如果能够循守大道，民众就将自然而然地顺从教化而和谐安定，实现大治。而在达成天下大治时，君王或者会归功于己而产生私心贪欲，于是我就要用无形无名的"道"来镇伏它。用"道"来镇伏这贪欲私心，就将会无私无欲而虚静无为。无私无欲而虚静无为，就能自然而然地实现家国天下的和谐安定。

下篇 德经

共四十四章

三十八章

上德不德^①，是以有德^②。下德不失德^③，是以无德^④。上德无为而无以为也^⑤，上仁为之而无以为也^⑥，上义为之而有以为也^⑦，上礼为之而莫之应也^⑧，则攘臂而扔之^⑨。故失道而后德^⑩，失德而后仁^⑪，失仁而后义^⑫，失义而后礼^⑬。夫礼者，忠信之薄而乱之首也^⑭。前识者^⑮，道之华而愚之始也^⑯。是以大丈夫处其厚，不处其薄^⑰；处其实，不处其华。故去彼取此^⑱。

【章旨】

此章通过对上德、上仁、上义、上礼之人的思想行为进行分析，揭示出仁义、礼制的出现，正是道德沦丧忠信散薄的产物。所谓的礼制，乃是社会动乱的根源。因此，君王应当体道行德而鄙弃礼制，求真务实以拨乱反正。

【注释】

①上德不德——指尊尚大道而体行大德的君王绝不为满足私欲而贪求多得。上德，即尚德，谓君王尊尚并能体行道德。上，同"尚"；崇尚，尊崇，贵重。德，老子提出的又一基本概念。老子所倡之"道"，乃指存在于世间万物中的普遍规律和基本法则。其所言之"德"，则指依循于"道"来行事为人的体现和结果。《经典释文》

云："德，道之用也。"也就是说，道和德的关系是二而一的，德是道的作用与显现。道是指客观存在而未经掺入人为的自然状态，德是指人们遵循这种自然状态而参与行为的作用和结果。人们的行为只有符合于道，才能真正显现出德。那些尊崇并体行于道的人，也因此称为有德。《释名·释言语》云："德，得也，得事宜也。"合于大道者虚静无为而顺其自然，当然也就得其事宜。不德，不求有所得，既无私心贪欲又不贪求外物。德，同"得"。得于物为有得，得于心为有德。

②是以有德——因此他能够得到民众的拥护而成为有德之君。

③下德不失德——谓不能循守于大道而体行于大德的君王丝毫也不愿失去自己的所得。下德，轻视与排斥道德。此指贪求多欲而不能虚静无为的君王。下，用如动词，轻视，排斥。不失德，不愿丧失其所得，不愿失去已得到的权力、地位、财货等。

④是以无德——谓如此之君王则因贪欲多求而伤害民众，遂遭民众唾弃而成为无德之君。无德，指无德于人心，即得不到人民的拥护与爱戴。

⑤上德无为而无以为——意谓尚德的君王能体道而行德，其行政施教能无为不言，顺其自然。在他的心中从没有什么个人的私欲，也不为求得什么个人的利益。无为，即无为不言，顺乎自然。指君王能循守大道而不依照自己的心志意愿去作为。无以为，即无所为，处虚守静而无所贪求。指尚德之君没有什么个人的私欲，不为达到什么目的，不为求得什么利益。

⑥上仁为之而无以为——谓崇尚仁爱的君王总是去做那些所谓的仁爱慈善之事，而他自己则没有什么私欲，也不为求得什么利益。上仁，即尚仁，指推重仁爱，崇尚仁爱。君王尚仁，则能慈爱惠民，兼利天下。为之，指用心去做那些仁爱利人的事情。

⑦上义为之而有以为——谓尊尚与提倡正义的君王总是去做那些人们认为正当而适宜的事情，他的目的就是想要维护民众的共同利益和社会的正常秩序。上义，即尚义，指尊崇正义，倡导正义。《释名·释言语》："义，宜也，裁制事物使合宜也。"义有维持人与人之间正常关系不使其乖谬邪曲的作用，因此被释为正义。君王尚义，则能正直公平，利物合宜。有以为，即有所为，有所追求。指君王着意去做那些正义为公的事情，以求维护整个社会的合理秩序，并因此得到民众对自己的认同与拥护。

⑧上礼为之而莫之应——谓提倡礼制的君王为了实现自己统治民众的目的，只做那些能够维护礼乐制度，维持君臣上下等级关系的事情，但结果却得不到人们的认同和响应。上礼，即尚礼。指君王的尊尚礼乐制度，时时事事都维护礼制，遵从礼仪。礼制乃人类进入阶级社会后，为维护其合理的社会关系而形成的一套制度。其核心为维护君君、臣臣、父父、子子的等级关系。莫之应，没有谁认同和响应尚礼之事。

⑨攘臂而扔之——意谓撸起袖子来强拉硬拽地使人们服从。攘臂，捋袖伸臂，俗言撸起胳膊。古人或援袂而缠以绳，或卷袂而不缠绳。扔，牵引，拉拽。

⑩失道而后德——当君王不能顺其自然而循守大道时，于是便出现了体道行德的主张。"道法自然"，道乃虚静无为，顺其自然而然者，失道则不能顺其自然而成其当然。圣人欲救其失，遂倡言行德，以使君王能循守大道而虚静无为，所以说"失道而后德"。

⑪失德而后仁——谓君王既不能少私寡欲而体道行德，遂有倡言仁爱者出现于世，教君王仁慈爱物以利益天下。

⑫失仁而后义——谓世风愈降，所倡仁爱之说亦被废弃不用，遂有正义为公之说倡行于世。

⑬失义而后礼——谓世风日益败坏而君王私欲旺盛，正义之说亦不得通行于世，乃有礼乐制度随即形成。而君王则遵从礼制行事，以维护自己的利益，巩固自己的统治。

⑭忠信之薄而乱之首——谓礼仪制度在社会上行用，虽有正直诚信于其中，而其程度则非常浅薄。且其贵上贱下而不能平等，则必然引起争斗而成为导致社会混乱的根源。忠信，正直无邪，诚实无妄。乱之首，即乱之始。指礼制的实行必将挑起人们相互的争斗而生成混乱。

⑮前识——即前人而识，先事而知。指先于其事先于其人而在心中设定的意见。亦称先识，先知。此盖指君王的自见，自明等，其行私弄智而臆度用事，却自诩为"前识"，标榜为"先知"。

⑯道之华而愚之始——意谓所谓的先识，虽时或为"道"即客观规律的外在表现，而其实则为君王自作聪明而违离于大道，最终则至于愚昧顽顿的起始。华，同"花"，此以花开之美艳比喻"道"所外现之象的繁盛。凡前识者，并非完全无中生有，时或亦有所依据，而其依据的社会现象，则为"道"即事物自然规律的外在表现，而并非其内在的实际的客观规律，所以说是"道之华"。凡前识者，必不能循守大道而顺乎自然，这就违背了自然而然的客观规律。君王不能虚静无为而自诩其聪明才智，标榜自己的所谓"先知"，则群下必然阿从君王之意而莫进其忠，莫守其职。如此一来，君王以一人之心而行天下之事，以一人之力而尽群臣之职，虽其劳顿而事有偏废，虽其勤苦而职有缺失，所以说是"愚之始"。

⑰大丈夫处其厚，不处其薄——谓光明正大、无私无欲的君王要持守质朴纯真之性，而不实行虚华浅薄之礼。大丈夫，喻称有高世之志而不徇流俗的奇伟男子，此指能体道行德的君王。厚，朴素忠厚。薄，虚浮浅薄。

⑱去彼取此——即去除其浮华、轻薄之事，如上礼、前识等；而遵从淳厚、朴实之道，即虚静无为而顺其自然。

【译文】

尊崇道德的君王无私无欲，根本不追求自己要得到什么东西、获取什么利益，（而只是持守大道，清静无为。这最终能够使得万物自化，天下自正，）他也因此被人们尊为有德。而轻视与排斥道德的君王则私欲旺盛，汲汲以求，什么都想得到，什么都不想失去。（为满足自己的欲望而胡作妄为，结果背离民心，违反客观规律，最终导致灾祸流行，天下大乱，）他也因此被人们斥为无德。尊崇并体行道德的君王无为不言，顺乎自然。他无私无欲，处虚守静，从不为达到个人的什么目的。崇尚并提倡仁爱的君王总是有所作为，他所做的一切都只是出于自己的仁爱之心，而并非为了个人的私欲，也绝不为谋取自己的什么利益。崇尚并提倡正义的君王总在做那些他认为合乎正义、合乎事理的事情，他是有所追求的，他的目的就是为了能使上上下下各得其宜，进而形成家族相亲、友邻和睦的社会。而提倡礼制的君王总在做那些维护礼乐制度以使整个社会尊卑有序的事情，但是（礼制屈抑群下，礼仪繁缛难行，）没有谁愿意响应他，于是就撸起胳膊强拉硬拽地让别人遵从礼制。因此说在人类社会之初则大道公行，万物顺乎自然而无为自化。其后则私欲产生而大道有所缺失，社会上便开始提倡守"道"而行"德"。而当人们的私欲逐渐增多，"德"亦出现缺失时，社会上又开始提倡"仁爱"之说。再后则私欲转盛，仁爱又出现缺失，人们便又提倡所谓的"正义"。而当私欲盛行于世，为公之"正义"又出现缺失后，人们便又提倡"礼制"。而"礼制"这种东西，过于重视外表的繁文缛节，因此使得正直诚信的风气日渐浅薄，而虚伪不实的邪乱之事日渐滋生。（有人也以所谓的先识自诩其聪明才智，）其实"先识"只是大道所外现的虚华，而实际上它则是人们愚昧无知的起始。所以堂堂正正的士子总是持守质朴淳厚之"道"，而绝不实行虚华无用之"礼"；他的居处行为总是那么忠厚朴实，而屏弃那些浮华浅薄之事。因此君王应当舍弃后者即浮华浅薄，而取用前者即淳厚质朴。

三十九章

昔之得一者①，天得一以清，地得一以宁，神得一以灵②，谷得一以盈③，万物得一以生，侯王得一以为天下正④。其致之也⑤，谓天无以清将恐裂⑥，地无以宁将恐发⑦，神无以灵将恐歇⑧，谷无以盈将恐竭⑨，万物无以生将恐灭，侯王无以贵高将恐蹶⑩。故必贵而以贱为本，必高而以下为基⑪。是以侯王自谓孤、寡、不穀⑫，此非以贱为本邪！非乎？故致数与无与⑬。是故不欲琭琭若玉⑭，珞珞若石⑮。

【章旨】

这里所说的"一"即"道"，老子于此重申了"道"的巨大作用，"万物得一以生，侯王得一以为天下正"，而如果失去了"道"，那天地万物都将不能存在。因此君王务必循守大道而虚静处下，无为不争。

【注释】

①得一——指能够符合于大道而顺乎自然。一，即"道"。道亘通古今，故曰"一"。道虚静无为，无私无欲，故曰"一"。

②神得一以灵——谓天地祖先之神能够符合于大道就会降福于人民而显现其神灵。

③谷得一以盈——谓山涧溪谷能够符合于大道就充盈丰沛而不会

枯竭。盈，充盈，旺盛。指河谷的水量充沛，植被茂盛。

④侯王得一以为天下正——诸侯之君能够符合于大道就能成为天下之长。天下正，即天下之长。

⑤其致之——谓如果推论而至其极端。致，极，尽。致诘，犹言推问到底。

⑥天无以清将恐裂——天若不合于大道就没有办法清明爽朗，那恐怕就要崩裂。无以清，犹如"无所清"，谓没有办法使其清明爽朗。

⑦地无以宁将恐发——地若不合于大道就没有办法安宁稳定，那恐怕就要废坠塌陷。发，读为"废"，堕毁，倾圮，倒塌。

⑧神无以灵将恐歇——神若不合于大道就没有办法感应灵验，那恐怕就会泄失其精气。"歇"字有二义，其一为止息，停歇；其二为泄露，散失。凡花之失荣为谢，人之失神为泄，皆可言"歇"。

⑨谷无以盈将恐竭——河谷若不合于大道就没有办法充盈丰沛，那恐怕就会流水枯竭，毫无生气。

⑩侯王无以贵高将恐蹶——诸侯之君若不能循守于大道而被人尊崇，恐怕就会颠覆其位而丧失其权。蹶，倒仆，挫败。此指挫败而失其威权。

⑪必贵而以贱为本，必高而以下为基——意谓尊贵者必定要以卑贱者为本根，崇高者必定要以低下者为基础，乃能成其尊贵与崇高。必，定然之辞。

⑫自谓孤、寡、不穀——指诸侯之君皆谦称自己为孤、寡、不穀。孤，寡，乃无德而独处之义。不穀之合音为仆，为下民之贱称。

⑬故致数与无与——此谓人君居至尊之位，当时时谦卑处下。若过度被人称誉而频繁至极，反而会失去尊誉。致，同"至"。极端，极度。

⑭不欲琭琭若玉——意谓君王应该虚静无为，守辱处下，而不要像

那晶莹润美的宝玉一样高贵无比。琭琭，形容宝玉之晶莹润美、高雅尊贵。字或作"碌碌"、"禄禄"。

⑮硌硌若石——意谓要像那普通低贱的山石一般质朴坚实。硌硌，形容山石之粗恶无华，坚实确固。字或作"珞珞"、"落落"，并为重言喻形词。

【译文】

凡古昔之能循守于大道即所谓得"一"者，天得以循守大道就清明开朗，地得以循守大道就安宁稳定，神得以循守大道就灵验神妙，河谷得以循守大道就充盈丰沛，万物得以循守大道就滋生繁茂，侯王得以循守大道就能成为天下之君长。进一步推至其极而言，天若不合于大道就没有办法清明爽朗，那恐怕就要崩裂。地若不合于大道就没有办法安宁稳定，那恐怕就要塌陷。神若不合于大道就没有办法灵验神妙，那恐怕就要消散其精气。河谷若不合于大道就没有办法充盈丰沛，那恐怕就会干涸枯竭。万物若不合于大道就没有办法滋生繁茂，那恐怕就会彻底灭绝。侯王若不合于大道就不能被人尊贵而成为君长，那恐怕就会蹶倒颠覆而丧失其位。所以世间之物，尊贵者必定以低贱者为根本，崇高者必定以卑下者为基础。君王并以孤、寡、不穀称呼自我，这不就是以低贱为其根本吗！难道不是这样吗？所以，如果千方百计地争求荣誉以至于达到极端，反而就不会被人们尊崇和赞誉。故此君王定要虚静处下，无为不争，不要像那晶莹润美的宝玉一样高贵无比，而要像那普通低贱的山石一样质朴无华。

四十章

反也者，道之动也①。弱也者，道之用也②。天下之物生于有③，有生于无④。

【章旨】

此章阐明了"道"的运动变化所具有的内在规律性，正是这种规律性决定了世间万物的发生发展。当然，君王也须遵循这种客观规律，即循"道"而行。

【注释】

①反也者，道之动——谓"道"的运动变化，总是朝向其相反的方向。反，相反的方向，对立的方面。如由弱而强，由贱而贵，由静而动，由终而始，等等。其由终反始即物极而反，则为返本归根。因此，可以说"反"有两层意义：一为向对立的方面转化，二为返本归根。

②弱也者，道之用——谓道的外在表现，总是显现出柔弱虚静的特点。弱，指处虚守静，柔弱处下，无私无欲，无为不争等。道之用，指道的外在表现，道的运行规律的体现。用，效用，功用。此指效用的外在表现，具体体现。

③天下之物生于有——意谓天下所有之物全都产生于有形之体，如鸡生鸡、狗生狗等。有，有形有名之物，指世间具体存在的各种事物。

④有生于无——谓有形之体乃由无形无名之道所产生。无，无形无名之物，指"道"。其视之不可见，听之不可闻，搏之不可得，故谓之"无"。四十二章有言"道生一，一生二，二生三，三生万物"。道为万物之始，万物之母，因此说"有生于无"。

【译文】

向相反的方向运动，向对立的方面发展，这是"道"的运动变化的规律。而表现出柔弱虚静之性，如谦卑处下、虚静无为，则是"道"的外在体现。天下之物都是由各种有形之体孳生繁殖而来，而各种具体有形的东西则是由不可视见、不可闻听、不可触及的无形之"道"孕育化生的。

四十一章

上士闻道，勤而行之①；中士闻道，若存若亡②；下士闻道，大笑之③。不笑，不足以为道④。故建言有之曰⑤：明道若昧⑥，进道若退⑦，夷道若纇⑧。上德若谷⑨，大白若辱⑩，广德若不足⑪，建德若偷⑫，质真若渝⑬。大方无隅⑭，大器晚成⑮，大音希声⑯，大象无形⑰，道隐无名⑱。夫唯道，善始且善成⑲。

【章旨】

此章通过分析不同素质不同层次的士人对"道"的不同态度，说明了"道"的隐微玄妙。又引用古代成语，通过对"道"及体"道"之人的外在表现与内在本质的描述，说明了循行大道的必要性与重要性。

【注释】

①上士闻道，勤而行之——谓那些明通有识的士人闻听大道之妙，对其深信不疑而能时时事事循行之。士，为古代男子之通称。上士，指明智通达、卓然有识的士人。勤而行之，谓时时事事都尽其全力循行于大道。勤，有多、厚之意，故多劳为勤，多恩多恤为勤。

②中士闻道，若存若亡——谓中等水平的士人闻听于大道，其将信将疑，时而信行之，时而遗忘之。若，犹"或"。亡，失记于心。一说"亡"读为"忘"。

③下士闻道，大笑之——指才智低下的士人，其私欲旺盛而不能明通于大道，不但不相信其说，反而以为其空虚无用而非笑之。笑，嘲笑，非笑。

④不笑，不足以为道——意谓大道深邃奥妙，原本就不是人人都可理解的，不被那些浅陋的士人所非笑，也就算不上是什么"道"了。

⑤建言——似为古代成语、格言。建言，即立言，盖谓可建立而久行于世的话语。

⑥明道若昧——谓大道光明显著，却好像昏暗不明一样。

⑦进道若退——谓大道化生万物而积极进取，却虚静柔弱而不与物争，有如消极退缩一样。

⑧夷道若纇——谓大道平坦通达，却好像多有阻遏而难以通行。纇，丝有结节而不平，引申为反常而不顺。

⑨上德若谷——体道行德之君能虚静柔弱，守辱处下，有如旷深的溪谷一样。上德，指能体道行德之君。十五章有言"古之善为士者……旷兮其若谷"，与此文义相同。

⑩大白若辱——明道之君"知其白，守其黑"，虽其心纯洁无私，而其身则处辱守下，若有污垢。

⑪广德若不足——谓明道之君增广其德而愈能谦卑处下，虚静无为，依凡俗之见则似若有所欠缺而不足。

⑫建德若偷——谓明道之君刚健其德而益愈无为不言，顺其自然，反倒有似于苟且偷惰一般。建，同"健"，强健有力。偷，懒惰，苟且。

⑬质真若渝——谓明道之君具备质朴诚实之德而顺乎自然，反而有如随波逐流而混同于污浊之中。质真，谓使其德质实诚信。真，当为"悳"字之误。若渝，似若不能坚持其纯正而变得污浊。

⑭大方无隅——谓正方之形若至大无比而无穷极，人们就不能见知

其边角。方，正方形。

⑮大器晚成——谓所成之器若形体极其巨大，则人们观看或触摸时就如盲人摸象而不能得其全体。晚成，即无成，谓不能得见其形貌之全部。成，完备，完全。

⑯大音希声——谓所发出的音响若极其宏大，则难于闻听其声。音指发音，声指听声。十四章云："听之不闻名曰希。"则希声乃谓不可闻听声响。人的听力是有限的，若所发之音超出其耳朵听力的频率范围，也就不能听见其声音。

⑰大象无形——谓所成之形象若至大无极，超出了人们的视力范围，察视之则不可见其全貌。象，形象。道无状无形，只能想见其象。

⑱道隐无名——谓大道幽隐玄远而遍及宇内，通于万物，人们反而不可见其形，不可听其声，也就不可称其名。

⑲善始且善成——谓大道化生万物，善始又善终。成，犹"终"；凡功卒业就谓之成。

【译文】

通达的士人闻听于道，深信不疑而能勤力循行之。中等素质的士人闻听于道，将信将疑，时或循行之时或弃离之。而浅陋的士人闻听于道，不但不相信其说，反而非议嘲笑之。大道原本就深邃奥妙而并非人人可以理解，不被那些浅陋的士人所非笑，也就算不上是什么"道"了。所以古代的格言曾这样说过：那明亮显赫的大道，却好像黯昧难明。那积极进取的大道，却好像消极退让。那平坦通达的大道，却好像阻遏难通。那尊崇高尚的大德，却好像幽深低下的深谷。那纯洁无瑕的大德，却好像渍染着污浊垢辱。那广博丰厚的大德，却好像虚弱不足。那刚健挺进的大德，却好像苟且偷惰。那质真淳朴的大德，却好像浅薄轻浮。方正之形若至大无比，反而看不见其边缘棱角。所成之器若过于庞大，反而不能知见其全部之形。所发之音若极其洪大，反而听不到其声响。物体之象若宏大辽阔，反而看不清其物形。大道周遍宇内且通达万物，自然也就幽隐微妙而不可知其形，不可称其名。只有这个大道啊，才最善于孕育一切，又最善于成就一切。

四十二章

道生一①，一生二②，二生三③，三生万物④。万物负阴而抱阳⑤，冲气以为和⑥。人之所恶，唯孤、寡、不穀，而王公以自名也⑦。故物，或损之而益⑧，或益之而损。人之所教，我亦教人⑨。"强梁者不得其死⑩！"吾将以为教父⑪。

【章旨】

此章通过对天下万物产生过程的描述，说明了"道"为世间万物之本。又从万物"或益之而损，或损之而益"的变化规律出发，强调了人君必须柔弱处下，虚静无为。

【注释】

①道生一——谓"道"之为物，其外现为"一"的状态。第十四章云："视之不见名曰夷，听之不闻名曰希，搏之不得名曰微。此三者不可致诘，故混而为一，一者，其上不皦，其下不昧，绳绳兮不可名，复归于无物。"可见，据其实就其物而言为"一"，为其称名而为"道"。生，外现，显现。"生"不是产生、生育、生殖的意思。而是如"雨过之后天空生出一道彩虹"的"生"字，是展现出、显现为的意思。

②一生二——意谓由"道"之运化而形成相互对立的两方面，如阴阳、天地等。古人认为，阳气清扬上升而为天，阴气滞浊下降而成地，天地是由阴阳之气形成的。而这阴阳则是由道的运化生成的，所以

说"一生二"。

③二生三——意谓相互对立的"二",即阴阳二气,交汇融合而形成一种新的物态。这种阴阳交汇所生出的物态,既异于一,又别于二,故称其为"三"。

④三生万物——意谓这种阴阳交合所生成的和谐匀适的物态则显现为天下万物。生,形成、显现的意思。

⑤负阴而抱阳——谓万物背负着大地而朝向着太阳。负阴,背靠着阴,依据着阴。阴指地,即以地为基础。抱阳,即朝向太阳,怀恋着阳气。

⑥冲气以为和——谓阴阳之气涌动摇荡而形成调和匀适的状态。冲气,指阴阳之精气涌动、激荡而交汇在一起。气,指阴阳之精气。第十章云:"專气致柔,能婴儿乎?"五十五章云:"心使气曰强。"则气为人身中一种固有之物,为人的生命基础。人既如此,众物亦然。正是这种阴阳之精气的交汇融合,才产生出天下万物。

⑦王公以自名——谓王公贵族皆以孤、寡、不穀自我称名。王公,泛指侯王及三公等贵族之人。自名,自我称名。

⑧损之而益——谓君王虽以贱名自称而受损,最终则以谦卑处下得到民众拥戴而多多受益。

⑨人之所教,我亦教人——谓前人所教给我的东西,我也拿来教诲别人。

⑩强梁者不得其死——谓强盛横暴者往往不能终其天年。强梁,强横而多力。不得其死,不能尽其天年而善终。

⑪教父——指教人的基本准则。父,规矩,准则。

【译文】

世界万物本原于"道"，而"道"之体则外现为"一"。"道"是运化不息的，其运化中又生成了"二"，即阴阳对立的状态。这阴阳二气交汇融合，从而形成一种新的匀适和谐的状态，这种状态可称名为"三"；这"三"则外现为世界万物。万物都是依靠着大地而朝向着太阳，这阴阳之气冲涌摇荡则实现了交汇融合而生生不息。你看那众人所厌恶的"孤"、"寡"、"不谷"这些低贱的称呼，君王却并不嫌弃而用以自称。所以说世间万物，有些为先得补益而后有损失，有些则先受损失而后有补益。前人所教给我的那些东西，我也拿来教给别人。"强横凶暴的人是不得善终的。"我将用这句话作为教人的基本准则。

四十三章

天下之至柔，驰骋于天下之至坚①。出于无有，入于无间②，吾是以知无为之有益也③。不言之教④，无为之益⑤，天下希能及之矣⑥！

【章旨】

此章以水为喻，重申"柔弱胜刚强"的道理。劝喻人君虚静柔弱，谦下不争，处无为之事，行不言之教。如此，必将多所获益。

【注释】

①天下之至柔，驰骋于天下之至坚——谓天下最为柔弱之物如水、气等，能自由随意地穿行出入于金、石等坚实致密的物体。驰骋，形容马儿跑得很快，此以喻水、气等物能自由随意的运动。至坚，最为坚硬的东西，极其坚实的物体。如铜铁、山石等。

②出于无有，入于无间——谓水、气等既能由无形而不可明见的东西生出，又能进入穿行于坚实致密而毫无缝隙的物体之中。无有，指没有可见之形、没有可名之体的物体。无间，没有缝隙，没有间隙。此指极其坚实细密的物体。古人见天空中能够生成云雨，而春秋时节金石之物往往生出霜露，物体表面之水又往往能消失不见，遂以为水、气可

以自由穿行于其中，故而老子有此言。

③吾是以知无为之有益也——我由此就知道了虚静柔弱、无为不言是多么的有益啊！

④不言之教——指君王治国施政时不以自己的心志私欲发号施令所取得的成效。教，同"效"；效果，功效。

⑤无为之益——指君王治国施政时循守虚静无为之道所得到的很多益处。无为，义同"不言"，指循道而行，顺其自然。不以自己的私欲而行政施教，不因自己的好恶而发号施令。

⑥希能及之——意谓很少有其他治国之方能比得上"无为"、"不言"之道。希，无有之意。

【译文】

水、气为天下万物中最为柔弱的东西，却能自由随意地穿行于山石等最为坚硬的物体中而毫无阻碍。它既能从无形可见的地方生出，又能进入到没有间隙的物体，我由此明白了大道所宗主的虚静柔弱、无为不言是多么的有益啊！人君施无为之政所获得的功效之大，行不言之教所获得的收益之多，天下万物是没有什么能够比得上的！

四十四章

名与身，孰亲^①？身与货，孰多^②？得与亡，孰病^③？甚爱必大费^④，多藏必厚亡^⑤。故知足不辱^⑥，知止不殆^⑦，可以长久。

【章旨】

君王之私欲旺盛者往往殉于名利而不能自拔，贪婪奢侈而危殆及身。此章就庸常事理，从利己的角度来分析多欲求利的危害，劝告君王须少私寡欲，知足知止。

【注释】

①名与身，孰亲——谓美好的名声与健全完好的身体，哪一个于自己更亲近呢？孰，谁，何。

②身与货，孰多——谓自己的身体与金玉财宝之物，哪一个于自己更重要呢？货，财物，财宝。谓金玉等物。多，厚，重。引申义为看重，推重。

③得与亡，孰病——谓得名誉，得财货与得到自身的健康长寿。或失名誉，失财货与失去自身的健康长寿，哪一个对自己的危害更严重呢？病，疾患沉重。此指危害甚大。

④甚爱必大费——谓过分地贪爱女色一定会极大地耗费精力，贪

婪地聚敛货财必然会招致更多的祸患而损失。费，消耗，散失。

⑤多藏必厚亡——谓过多的贮财藏宝而不与人分，最终必为众人所劫取而损失更多。亡，丢失，损失。

⑥知足不辱——谓君王无私无欲、知足不贪，就不会侵害民众的利益而遭到民众唾弃与羞辱。辱，被损伤，遭羞辱。

⑦知止不殆——谓君王无欲无求，与世无争，就不会被民众废弃，而能身体健康毫无危殆。知止，即知足。

【译文】

身体为自己之身，名誉为附属之物，哪一个于自己更为可亲可爱呢？身体为自我之体，金玉货财乃身外之物，哪一个于自己更为宝贵而应该珍重呢？得到名声与货财同失掉自己的生命与身体，哪一个对自己造成的危害更为严重呢？（这些问题，必须首先要把它弄清楚。）过分地贪爱女色一定会极大地耗费精力，过多地聚敛货财必然会招致更为严重的损失。所以，存有知足之心而不贪得无厌，就会与人为善而不被别人污辱损害；懂得适可而止而不贪婪聚敛，就会与世无争而不会产生危殆。心适然而身安逸，当然也就可以长生久视，长治久安了。

四十五章

大成若缺，其用不弊^①。大盈若冲，其用不穷^②。大直若屈^③，大巧若拙^④，大赢若炳^⑤。躁胜寒^⑥，静胜热^⑦，清静可以为天下正^⑧。

【章旨】

这里用辩证的观点分析了事物的表象与本质的看似对立、实则统一的相互关系，进而说明君王体道行德而虚静无为，就可以实现天下大治。

【注释】

①大成若缺，其用不弊——凡是循守大道所成之事，虽或有所缺损，而其作用则永不困顿，永无破败。大成，凡"道"之所成谓之大成。若缺，若有缺失。比如体道行德之君，其无为不言而天下大治，然其柔弱处下，灭名藏誉，依世俗之见，则有如毁缺不备。弊，通"敝"，破败，败坏，穷困。

②大盈若冲，其用不穷——凡是循守大道所成之物全都完备充实，依世俗所见则皆若虚无中空，而其作用则永无穷尽，永不衰竭。大盈，凡由"道"所得之盈谓之大盈。其充盈旺盛，完备充实。冲，同"盅"，空虚。体道行德之君多得天下民众拥戴，而其处虚守静，无欲

无为，则有如中空无物，故言"若冲"。

③大直若屈——凡循守大道而行，其所作所为能公平正直者，反倒有似于委曲不正。屈，同"曲"，委曲不直。循守大道则顺适万物之自然，或屈或伸而有如不直者，故言"若屈"。屈或作"诎"，乃假借字。

④大巧若拙——凡循守大道以成就万物者，其至巧至精而无所不能，然其淳厚质朴而不施机巧，反倒有似于笨拙无能。拙，笨拙，拙劣。

⑤大赢若炳——凡循守大道而行，则必然多有所得。如明道之君多得民众拥戴而统治天下，然其守辱处下，反倒有似于缺损亏失。赢，赢余，有余。炳，同"绌"。绌，不足，缺少。赢与绌相对而言，赢意为富余，绌则为缺失。赢意为进取，绌则为退缩。赢意为强盛，绌则为衰弱。

⑥躁胜寒——谓急行趋进而加大运动，则能生热身暖而胜于寒冻。躁，急走速动，趋行而进。

⑦静胜热——谓心安气定而静止不动，则能爽适其身而胜于燥热。

⑧清静可以为天下正——谓侯王只有虚静无为，无私无欲，才能成为天下之君。清静，指循守大道而虚静柔弱，无为不言。正，君长，君王。

【译文】

大道成就万物而圆满完美，而其柔弱处下却好像有所缺失，但它的功用则是永不衰败、永无竭尽的。大道运化万物而刚健充盈，而其虚静无为却好似空虚无物，但它的作用则是不困不乏、无穷无尽的。凡循守大道而行者，则无私无欲而正直公平，而其顺适万物之自然，时曲则曲，时伸则伸，则好像其身委屈而不正。凡循守大道而行者，则成就万物而至巧至能，而其处虚守静，谦下不争，则好似其身笨拙而愚昧。凡循守大道而行者，其统治天下而多得民心，而其守辱处下自称贱名，则好似有所亏损缺失。疾行急走能够战胜寒冷，静心安卧可以消除烦热。只要处虚守静，无为不言，君王就能够行教施政而使社会安定。

四十六章

天下有道，却走马以粪①；天下无道，戎马生于郊②。罪莫大于可欲③，祸莫大于不知足，咎莫憯于欲得④。故知足之足，恒足矣。

【章旨】

此章以君王失道则天下大乱而战事频生，因而使民众陷入灾祸为诫，劝喻君王少私寡欲而知足不争，以返归于大道而实现社会安定。

【注释】

①却走马以粪——谓君王能循守大道而社会安定，因而使用那些奔驰的战马以耕种田地、发展生产。走马，驱驰奔腾之马，指战马。古时多以马匹奔驰作战，冲杀向前，今反用以耕种田地，故言"却"。却，犹"退"。粪，粪田，指培植庄稼。

②戎马生于郊——谓天下混乱不安而战事连绵，以至于母马生产仔驹于郊野之地。戎马，军中所用之马。古时战马皆用公马而不用母马，天下无道而战争频繁，戎马不足则征用母马，因此有戎马产仔生驹于郊外之地。郊，指荒野之地。

③罪莫大于可欲——指无道之君施政治国所造成的罪过，没有比

私欲太甚又极力满足其贪欲更为深重的了。可欲，指君王极力满足其欲望，适足其心志。

　　④咎莫憯于欲得——指君王贪得无厌所导致的灾祸至为惨痛而无可比拟。咎，灾祸，罪恶。憯，通"惨"，苦痛，惨痛。欲得，谓凡所贪求者必欲得之。

【译文】

　　明道之君治理国家，其行政施教能符合于大道，因此天下大治而没有战事，那些战马无处可用遂使之返归于田间耕种劳作。若君王之政违背大道，就会天下混乱而征战不休，以至于戎马不足而征用母马入阵，甚至产驹于郊野之地。这样看来，君王造成的罪过没有比行私纵欲更为深重的了，君王造成的祸患没有比贪得无厌更为严重的了，君王造成的灾难没有比贪欲必得更为惨痛的了。所以说，懂得知足知止而心无贪求，才能经常得到适可而满足。

四十七章

不出于户以知天下^①，不窥于牖以知天道^②。其出弥远，其知弥少^③。是以圣人不行而知^④，不见而名^⑤，不为而成^⑥。

【章旨】

此章的"不出"、"不窥"，谓君王不亲身而出，不亲自而视。老子主张君王虚静无为而顺乎自然，如此则何用出？何用窥？所以说圣人"不为而成"。

【注释】

①不出于户以知天下——谓君王循守大道而顺乎自然，虽不亲自外出视察，也能明了天下万物的情况。知天下，指明了天下万物的各种情况，如农事、民情等。

②不窥于牖以知天道——谓君王循守大道而顺乎自然，虽不亲自外出仰观天象，也能知晓上天的运行变化。窥，察看，观看。天道，指上天的运转变化的情况与规律，如日月之行、星辰之动等。古人以测知星象之运行变化预知吉凶，故须知天道。

③其出弥远，其知弥少——意谓君王不能循守大道，虽亲自外出详察天下之事，明审上天之象，也不能真有所知。相反，其所出愈远，所见愈多，则离道愈远而所知愈少。弥，更加，愈益。

④不行而知——即"不出于户以知天下"。行，出外而巡行视察。

⑤不见而名——即"不窥于牖以知天道"。名，同"明"。指能明了天地万物之情。

⑥不为而成——谓君王能循守大道，处无为之事，行不言之教，使万物顺其自然，则必能至于大成。不为，即"无为"。指顺其自然而不以自己的心志意愿去作为。

【译文】

君王循守大道，无为不言而顺乎自然，使万物各遂其意，使万事各成其功。虽其不走出门户亲自巡行视察，而万物的孕育长养无所不知。虽其不通过窗口亲自仰观远视，而天象的运行变化无所不晓。若任用一己之耳目心智去视听察看，只能辛劳而无功，勤苦而有弊。其出外巡行得越是遥远，其所闻所见越是众多，那末他的真知明见就必定越是稀少。因此明道之君总是虚静无为而顺其自然，决不任用私智而详察明审。虽其不远行于外而总能知天下之事，虽其不自窥于牖而总能明天下之情，虽其无为不言而总能成就天地万物之功。

四十八章

为学者日益^①，为道者日损^②。损之又损，以至于无为而无以为^③。取天下恒以无事^④，及其有事也^⑤，不足以取天下。

【章旨】

此章以为学的日益其能、日甚其欲比对为道的日虚其心、日弃其智，阐明了持守大道的益处。并以此劝告君王，若不能虚静其心而无欲无为，则不足以取天下。

【注释】

①为学者日益——指从事于学习仿效，就会一天天增益其智而补益其能。学，仿效，学习。益，增益其智慧，补益其伎能。孔子曰："学而不思则罔，思而不学则殆。"是学而必思，思而益学。学而多能，思而多智，智能增益则自贤自用，自贤自用则背离于道，故老子否定"为学"。

②为道者日损——指闻听于大道而明知之，循守之，就会一天天减损其私欲私智而无为不言，顺乎自然。日损，一天天减损其私欲智能，以至于清静无为。道主虚静无为，顺其自然。从事于道则无私无欲，无争无求。人君持之以恒，则万物自化，天下大治，故老子提倡"为道"。

③以至于无为而无以为——君王"为道"，日损其私欲，最终就会

至于"上德无为而无以为"之境界。其行事则无为不言，顺其自然。其心志则处虚守静，无有所为。无以为，即无所为，无所贪求，无所私爱。

④取天下恒以无事——谓君王要得到民众的拥戴而取得天下国家，必定要无私无欲，无为不言。取天下，谓得天下之人心。君王已得其位，又得天下人之拥戴，才是真正取得天下国家。无事，即无私无欲，无为不言。君王能凡事顺其自然而不以一己之私欲、个人之好恶任意妄为，则德盛而民往归之。

⑤及其有事——即若其有事。谓如果君王有欲有为，按照自己的私心贪欲去发号施令，统治天下。及，犹"若"。

【译文】

从事于学则日日增益其智，补益其能，往往会陷于自贤自用而有为多事之中。从事于道则不然，就会一天天减损其私欲，减少其智能。减损而又减损之，最终就会达到无私无欲、清静无为的境界。君王要取得天下人的拥戴，就必须处虚守静，无欲无为。若用其心智而妄为多事以满足私欲，就不能够取得天下人的拥戴而治理好国家。

四十九章

圣人恒无心^①，以百姓之心为心^②。善者，吾善之^③；不善者，吾亦善之^④。德善也^⑤！信者，吾信之^⑥；不信者，吾亦信之。德信也^⑦！圣人之在天下，歙歙焉^⑧，为天下浑其心^⑨。百姓皆注其耳目焉^⑩，圣人皆咳之^⑪。

【章旨】

老子此章乃重申明道之君当体道行德，顺乎自然，无私无欲，无为不言。以善心待物，以诚信待人，闭合其心志而若昏昧不明。

【注释】

①圣人恒无心——明道之君总是应乎时变，顺其自然，不师心自用，不主观臆断。不自私，不自贤，不自是，不自见，不自矜，不自伐，故言"恒无心"。传世本作"无常心"。

②以百姓之心为心——谓明道之君行政施教，使百官各司其职，各成其事，而自己则顺其自然，无欲无为。百姓，指统治集团内部的官僚贵族。周代实行宗法制度，群臣百官都是周王之亲族。

③善者，吾善之——对于那些美善之人、美善之事，我总以慈善之心对待之。

223

④不善者，吾亦善之——虽然是不善之人、不善之事，明道之君亦以慈善之心对待之。

⑤德善——指君王得到众人的拥戴热爱，使他自己具有了美善之德。德，得也。得物为有得，得心为有德。群臣百官各尽其职，各忠其事，其所言所行无论善与不善，君王并以慈善之心对待之，群臣因此而亲善与爱戴其君，所以说"德善"。

⑥信者，吾信之——指君王之接人待物，对于诚信的真实的，总能以真诚之心信任他。

⑦德信——指明道之君被大家所信任所拥戴而具有了诚信之德。

⑧歙歙焉——形容君王之心无是无非、无善无恶、无你无我，浑然冥合的样子。歙，与"翕"同。

⑨为天下浑其心——谓君王之统治天下，无私无欲，无为无事，似若昏昏昧昧而愚黯不通。为，作为，治理。此指行政施教以治理国家。浑，浑浊不明。此以水之浑浊形容君王的闭合其心若昏昧不明，指君王既无自贤任智之心，又无明察苛求之事。

⑩百姓皆注其耳目——谓群臣百官全都贯注其精神、通用其聪明，以窥视、伺察人君之喜怒好恶而迎合之。注，灌水而使之流通，引申为心意有所向往，心志有所关注。

⑪圣人皆咳之——谓明道之君总是闭合其心志，弃置其聪明。咳，本字当作"阂"。意为阻隔，禁闭，闭塞。

【译文】

明道之君总是虚静无为，而不自贤自用。其分任群臣百官使各司其职，各尽其事，也就是以群臣百官之心为己心。群臣百官所为之美善之事，其以善心对待之；群臣百官所为之不美不善之事，也同样以善心对待之。这样，他就会得到众人的亲善与爱戴，具有了美善之德。群臣百官所行之诚信之事，其以真诚之心对待之；群臣百官所行之不诚信之事，也同样以真诚之心对待之。这样，他就会得到众人的信任和拥戴，具有了诚信之德。明道之君在接人待物时总是闭合其心志而不用其聪明，在行政施教时总是昏昏昧昧似若顽愚不通。群臣百官全都贯注其耳目以伺察君王之好恶，而明道之君则总是阂闭敛藏其心而毫不显露其意。

五十章

出生入死①。生之徒十有三②，死之徒十有三③，而民之生生，动皆之死地亦十有三④。夫何故？以其生生之厚也⑤。盖闻善摄生⑥者，陆行不遇兕虎⑦，入军不被甲兵⑧。兕无所投其角，虎无所措其爪，兵无所容其刃⑨。夫何故也？以其无死地焉⑩。

【章旨】

此章以"生生之厚"而"皆之死地"为喻，说明循守大道而顺乎自然者则能保全其生，以此告诫君王应当少私寡欲而虚静无为。

【注释】

①出生入死——谓人之出生面世而见于有则活，葬身入土而归于无则死。

②生之徒十有三——谓世间之人凡身体健康而正常生活的占有十分之三。生之徒，指健康生活着的一类人。

③死之徒——指生命过程行将终结而归于死亡一类的人。除年老命终者，若饥饿无食，寒冻无衣，疫病流行，战争频仍，山崩地陷，水火无情等事，并能夺人性命而致人死亡。

④民之生生，动皆之死地——生生，指保养其性命而使之长寿。

如饱食暖衣，悦娱声色，闲适安逸，甚至服食药饵以求长生等。皆之死地，指厚养其生者并因此而走入死亡之地。之，往，走向；用作动词。众人皆以厚自奉养为能养命长生，结果却以太过厚重而伤身殒命，乃自蹈于死地。此即庄子所谓之"贪生失理"。

⑤以其生生之厚——因为他们奉养自己的生命的做法太过于厚重。厚，指过分养生而不知适度。

⑥摄生——即养生。指人们采用种种方法来保养身体以延长生命。摄，持有，保持。保养性命而持之勿失，故言摄生。

⑦陆行不遇兕虎——谓行走于山林之间不会碰到各种猛兽而被伤害。兕虎，泛指各种猛兽。兕，雌的犀牛。皮坚肉厚，独角善触，其状凶猛。

⑧入军不被甲兵——谓参军作战时不为兵器所伤害。被，覆被，指它物加于其上。甲兵，泛指各种武器。

⑨兵无所容其刃——兵器虽利，却无处可以使用其利刃。容，通"用"。

⑩以其无死地焉——意谓其人能循守大道而顺乎自然，安时处顺而虚静寡欲，无害物之心而物亦不得害之，故保全其身而于此时尚未趋归死亡之地。

【译文】

　　人们出生后则存活于世，死亡后则葬入地中，所以说"出生入死"。人世间能维持生命而正常生存的人，十分能占其三分。其生命行将结束而归往死亡的人，也能十分占其三分。此外人们想尽办法延长自己的生命，其所作所为却反而使自己走入死亡之地的，又占到十分中之三分。这是什么缘故呢？就是因为他们保养自己生命的种种措施太过厚重了。（反而伤害其身而蹈于死地。）我闻知那些善于摄生养身之人全都清心寡欲，顺乎自然，知足知止，不辱不殆，因此丝毫没有死亡的危险。走路时他不会碰到犀牛老虎之类猛兽而遭遇险境，从军时也不会触及矛戈之类兵器而受到攻击。因为在他们身上，那犀牛没有地方可以抵触其锐角，那老虎没有地方可以抓扑其坚爪，那兵器也没有地方能够击刺其利刃。这是为什么呢？就是因为他们循守大道而充满生机，根本不能蹈入死亡之地。

五十一章

道生之①，德畜之②，物形之③而器成之④，是以万物莫不尊道而贵德⑤。道之尊也，德之贵也，夫莫之爵而恒自然也⑥。故道生之，畜之⑦，长之，育之⑧，亭之，毒之⑨，养之，覆之⑩。生而不有，为而不恃，长而不宰，是谓玄德。

【章旨】

老子此章再次以天地万物之生育、长养，形物、成器的实际过程，证明天下万物莫不体道而行德。进而阐明顺其自然，无为不争，应该是君王必须具有的根本之德。

【注释】

①道生之——谓天下万物皆由大道化育生成。之，代指万物。

②德畜之——谓天下万物皆由体道之德畜养而长成之。畜，育养，长养。

③物形之——意谓使其物各成其形，即依其不同的物性而使万物各自形成其应有的形态。

④器成之——意谓本其功用与材质而使万物各自具备其特有的器能。器，器物，器具。器各一用，故引申而为才能，器能。

⑤尊道而贵德——谓尊崇无为自然之道而推重无欲无为之德。万

物由道之始生而各具其形质，由德之畜养而各成其器能，故莫不"尊道
而贵德"。

⑥莫之爵而恒自然——谓道虽尊而德虽贵，却没有谁赏赐给它们
任何的爵级封号，它们也总是无为不争而顺乎自然。爵，爵级，爵位；
此用如动词，指封授爵位，即依据群臣之贤否赏命其秩禄，封赐其尊
号。恒自然，指事物总是遵循其本身的客观规律而自成其然，并不受外
力或外物的影响与作用。

⑦生之，畜之——盖指大道于春季时使万物得以出生，得到育养。

⑧长之，育之——盖指大道于夏季时使万物生长与壮大。

⑨亭之，毒之——即成之，实之。盖指大道于秋季时使万物充足
其形而充实其籽实。

⑩养之，覆之——盖指大道于冬季时使万物得以收聚保养，得到
覆被盖藏。养，收取。

【译文】

天下万物莫不顺乎大道而出生之，应乎玄德而育养之，依其
物性而生成其各自之物形，尽其功用而完备其各自之器能，因此
万物都尊崇大道而推重玄德。大道被万物所尊崇，玄德被万物所
推重，并不是说有谁赏赐给它极高的爵位，而是一切都总是那样
顺其自然而成其当然。大道孕育产生出万物，又滋养它们使之长
大，培育它们使之壮大，使它们成熟，使它们结实，最后又保养
它们，储藏它们，其关怀厚爱真是无微不至。然而大道生育万物
却从不占为己有，化成万物却从不自恃有功，虽为万物之长却从
不宰制它们，这就叫作玄德，也就是普惠无私的根本之德。

五十二章

天下有始①，以为天下母②。既得其母，以知其子③；既知其子，复守其母④，没身不殆。塞其兑，闭其门⑤，终身不勤⑥。启其兑，济其事⑦，终身不救⑧。见小曰明，守柔曰强⑨。用其光，复归其明⑩，无遗身殃⑪，是谓习常⑫。

【章旨】

此章从自然无为之道为天下万物之本的基点出发，告诫君王要"塞其兑，闭其门"，处虚守静，施无为之政，行不言之教，这样才能终身不勤而天下大治。

【注释】

①天下有始——谓天下万物以阴阳交合而被孕育生成之。天下，指天下万物。始，本指女子怀孕之初起，此指大道之孕育化生万物。

②以为天下母——谓大道孕育化生天下万物，因而成为天下万物之本。以，而。连词。四十二章云："道生一，一生二，二生三，三生万物。"大道使阴阳交合而天下万物有始有生，故大道乃为天下万物之母。

③既得其母，以知其子——意谓已然认识了大道为天地万物之本，进而就能了解由"道"所生成的天地万物。

④既知其子，复守其母——反过来，已然认识与了解了天地万物，

就应持守万物之本，即循守于自然无为之道，处虚守静而顺其自然。

　　⑤塞其兑，闭其门——谓闭塞其耳目口鼻等各种感官，不去接触和认识各种社会现象。兑，指孔窍、孔洞。此指人的各种感官如口鼻耳目等。四十七章云："不出于户以知天下，不窥于牖以知天道。其出弥远，其知弥少。"而塞兑闭门，即闭塞其感官而不去感知认识外物，正是其具体措施。

　　⑥终身不勤——谓循守大道，处虚守静，则一生都不会劳苦。

　　⑦启其兑，济其事——谓开张其耳目口鼻等各种感官去认知其物，极尽其聪明才智去作为而达成其事。济，渡河曰济，引申其义为完成。

　　⑧终身不救——即一生都不能脱离勤苦而止于危殆。救，救治，救助，使其脱离危险。多为者败，多言者穷。以有限之智力应接无穷之事物，只能徒生诈伪而无益于事，所以说"不救"。

　　⑨见小曰明，守柔曰强——谓能洞见精微幽隐之事则为圣明，能持守柔弱处下之道则为强大。

　　⑩用其光，复归其明——谓人君虽居至尊之位而统治天下，须返归于虚静柔弱、无为不言之道。光，指人君的名高位尊有如明日之照耀天下。五十六章云"和其光"，五十八章云"光而不燿"，其"光"字之义并同。明，指人君循守大道而虚静无为。十六章云："知常，明也。"二十二章云："不自见，故明。"五十五章云"知常曰明"，其义并同。

　　⑪无遗身殃——谓不给自己留下任何的祸殃。无，同"毋"，不，不要。遗，留存，余留。

　　⑫习常——指习用其自然之道，遵循其经常之道。习，沿用，经常使用。

【译文】

大道使阴阳交合而孕育化生天下万物，大道即为万物之母，亦即万物之本。懂得了无为自然之道这个万物的根本之后，就能正确地认识和了解天下万物。认识和了解了天下万物，再来循守大道而处虚守静，无为不言，就能顺其自然而终身没有危殆。也就是说，闭塞其口鼻耳目等感觉器官，不出于户、不窥于牖，如此则天下大治而万事顺成，君王自己终身也不会勤苦劳顿。反之，若开张自己的口鼻耳目等自闻自见，自言自用，以一己之心力亲自处理天下之事，则必然会劳心费神而终身无法脱离勤苦。人君能洞见幽隐者称为圣明，能柔弱处下者称为强大。虽居尊贵之位照临天下，却能返归于虚静无为，不给自己留下任何灾祸，这就能符合于常规，这就是循守于无为自然之道。

五十三章

使我介然有知①，行于大道，唯施是畏②！大道甚夷③，而民好径④。朝甚除⑤，田甚芜，仓甚虚⑥；服文彩⑦，带利剑，厌饮食⑧，财货有余，是谓盗夸⑨，非道也哉！

【章旨】

此章乃告诫君王须坚定不移地循守大道，而不要随同世俗误入歧途。世俗所追求的"服文彩，带利剑，厌饮食，财货有余"的奢侈生活完全不合于大道，只是盗世夸名而已。

【注释】

①介然有知——谓能特立不凡而有自己的主见。介然，的的确确、确实分明的样子。有划分，有区别才能辨明事物。引申之谓特立独行，不同于众。有知，谓有主见，有自己的思想与见识。

②唯施是畏——只是惧怕其误入斜途之中。施，读为"迤"，邪也。

③大道甚夷——谓大道坦然平直，畅通无阻。夷，平直，平易。

④民好径——指人们常因私欲作怪而步入狭路歧途之中。径，(1)小路，狭路。(2)斜路，斜径。

⑤朝甚除——谓朝廷之中非常污秽。指官员行私贪秽，官府役费繁兴，而使得民不聊生。除，假为"涂"。涂，或写作"塗"，污也。

⑥田甚芜，仓甚虚——谓各地的农田中杂草丛生，荒芜连片。国家的仓库中无粮无钱，极其空虚。

⑦服文彩——指侯王百官总是身上穿着织有花纹染有色彩的衣服。服，衣服，用作动词，意谓穿衣服。彩，或作"采"，义同。

⑧厌饮食——经常饱食那些美味佳肴。厌，通"餍"，饱食，足食。无餍，指不满足。

⑨盗夸——即盗而夸。谓侯王百官行私自利而奢侈夸耀。盗，凡阴私自利者皆谓之盗。夸，凡奢侈、挥霍、炫耀皆谓之夸。

【译文】

假使我确确实实聪明睿智而循行于大道，那我就特别害怕误入邪途之中。因为大道本来是平坦通达的，而民众却常常为满足私欲而喜好走那些小路斜径。朝廷之上污秽贪浊，行私奸利；农田之中则杂草丛生，一片荒芜；仓库之内又钱粮皆无，极其空虚。而人们却总是身穿着花纹精美、色彩艳丽的衣服，腰间挎着锋利闪亮的刀剑，终日饱食着山珍海味、美味佳肴，家中的钱财宝货则堆积如山，这些不过是盗世夸名，是阴私自利、奢侈夸耀而已，根本就不符合于大道！

五十四章

善建者不拔^①，善抱者不脱^②，子孙以祭祀不辍^③。修之于身，其德乃真^④；修之于家，其德乃余；修之于乡，其德乃长；修之于国，其德乃丰；修之于天下，其德乃普^⑤。故以身观身^⑥，以家观家，以乡观乡，以国观国，以天下观天下。吾何以知天下之然哉^⑦？以此。

【章旨】

此章仍以持守大道具有使国家长治久安的功效，来劝喻君王体道行德。希望他们最终能够修之于天下，而德惠于万民。

【注释】

①善建者不拔——谓善于守道而建德者，其所立之德必不能被拔除。建，树立，建立。善建，指能循守大道而体行大德。

②善抱者不脱——谓善于守持大道而体行大德者，必不能有所脱失。抱，即抱一；指持守大道。

③祭祀不辍——谓子孙后代能传家承业，世世不绝，故祖庙不废而祭祀不止。祭祀，指对祖先神灵的祭祀享献。辍，停止，绝止。明道之君既能循守大道而建立大德，又能体道行德而不脱不失，故子孙后代世世不绝。

④修之于身，其德乃真——谓以守道建德之事修治自身，即整饬自己的言语行为，去除自己的贪欲私心，其所立之德就能真实而不虚假。乃，于是，就。

⑤其德乃普——谓其所立之德就能广博普遍。

⑥以身观身——谓以守道而有德者之身察看对比失道无德者之身。观，察看，审视。此两者并视，而自有比较之意。

⑦何以知天下之然——意谓根据什么知道天下之事乃为如此之情形呢？其所知之事，即为首句所言之"善建者不拔，善抱者不脱，子孙以祭祀不辍"。

【译文】

善于树立者，所立之物能够确定不移而不会被拔除；善于抱持者，所持之物必定握持牢固而不会脱落；善于循守大道而治理国家者，其国祚就会绵长而家族就会兴旺，子孙后代的祭祀享献必定会累世不绝。用大道来整饬自身，他的德行就会非常纯真；用道来修治家族，整个家族就会富足充裕；用道来修治乡里，那乡里的民俗民风就会日益淳厚；用道来治理邦国，邦域之内就会丰盈昌盛；用道来治理天下，那君王的功德就会广博周普。既然大道之效用至为宏大，因此我就以守道者的言行来察看对比无道者，以有德之家的情形来察看对比无德之家，以有德之乡的风俗来察看对比无德之乡，以有德之国的政教来察看对比无德之国，以有德之天下的大治来察看对比无德之天下的大乱。我根据什么明了知悉天下的情况并确信"守道而有德者昌、背道而无德者亡"呢？就是根据这些事情。

五十五章

含德之厚者，比于赤子①。蜂虿虺蛇不螫②，攫鸟猛兽不搏③。骨弱筋柔而握固④，未知牝牡之合而朘怒⑤，精之至也⑥。终日号而不嗄⑦，和之至也⑧。知和曰常⑨，知常曰明。益生曰祥⑩，心使气曰强⑪。物壮则老，谓之不道，不道早已。

【章旨】

此章以初生婴儿的无欲无敌，精固和至为喻，说明无私无欲、柔弱不争具有极为重要的意义。人君能够体道行德，处虚守静，柔弱处下，顺其自然，于己可以长生久视，于国可以长治久安。反之，就会灾祸及身，危殆灭亡。

【注释】

①含德之厚者，比于赤子——指君王之真正能够体道行德而无私无欲者，其柔弱冲和，无欲无为，有如初生的婴儿一般。含德，指君王之体道行德。明道之君循守大道而无私无欲，守虚处静而柔弱冲和，若本身包含有大德，故曰含德。赤子，即新生婴儿，以其未有眉发而体色赤红，因称为赤子。赤子无私无欲，柔弱恬静，无为自然，故言其含德甚厚。

②蜂虿虺蛇不螫——谓各种毒虫全都不会行毒而伤害他。蜂虿虺

蛇，泛指各种有毒的小动物。虿，蝎子一类的毒虫。螫，即"蜇"，指蜂、蝎一类毒虫用毒牙毒刺等行毒伤人。

③攫鸟猛兽不搏——谓鹰雕等猛禽与虎豹等猛兽全都不会抓扑伤害他。搏，击打，扑打。

④骨弱筋柔而握固——谓婴儿虽身体柔弱，而以手握拳则能攥紧不松，以手持物则能牢固不失。

⑤未知牝牡之会而脧怒——谓婴儿虽以年龄幼小不懂得男女交合之事，其生殖器却常常勃起挺立。牝牡之会，此指男女交合。脧怒，指男婴生殖器的勃起。怒，奋起，勃起。

⑥精之至——指其精气充沛旺盛到达了极点。精，此指人体中纯正精粹之元气。至，至极。

⑦号而不嗄——虽号叫啼呼而无气伤逆滞之病。嗄，气逆。

⑧和之至——指其元气淳真柔和达到了极致。和，柔和，和谐。

⑨知和曰常——谓懂得抟气至柔而和谐至极，则能顺常而无害。曰，则，就。

⑩益生曰祥——谓想方设法以种种手段增益生命，就会反乎自然之性而产生灾害。益生，补益其生。即五十章所谓"生生之厚"中之"生生"。人生须本其自然，若强为增益，厚自奉养，违其自然之性，就会适得其反。祥，此指灾祸，亦即"夭祥"。古时凡吉凶之征兆皆可称为"祥"。

⑪心使气曰强——心使气，以有欲有为之心支配虚静无为之德也。老、庄所说的"气"，指无欲无为、虚静自然之心，即如同赤子之心。强，刚猛，刚健。与柔弱之义相反。四十二章有言"强梁者不得其死"。七十六章有言："坚强者死之徒也，柔弱者生之徒也。"则强梁刚劲乃老子所否定之事，以其不合于柔弱处下，自然无为之道。就是

说，君王若以私欲有为之心来控制其虚静无为之心，就会极盛而衰，导致败亡。

【译文】

　　君王能够无私无欲，柔弱冲和，虚静无为，顺乎自然，则含有大德。其大德纯厚者，就如同初生的婴儿一样。即使碰到蜂蚁蛇蝎一类毒虫也不去蜇刺他，即使遇到鹰雕虎豹一类猛兽也不会扑抓他。别看他的筋骨非常柔弱，小拳头却攥得紧紧的。虽然他不懂得男女交合之事，但是生殖器却勃然挺起，这是因为他的精气旺盛到了极点。虽然他整天的啼呼号叫，但是声音却清亮而不沙哑，这是因为他无欲无为、恬静柔和到了极点。人君能够懂得虚静柔和，就能依顺于正常的自然规律；而能够懂得并循行自然规律，那就会通达圣明。强为增益其生而过度暖衣饱食，就会违背自然规律而身遭祸殃。若以盛欲有为之心支配驱使虚静无为之气，就会变的刚猛强健以至于壮盛僵硬。世间万物，过分的强壮就会转变为疲惫衰老，这是因为它不合于大道，不合于大道的事物就会提早败亡而终结其生。

五十六章

知者不言，言者不知^①。塞其兑，闭其门；挫其锐，解其纷^②；和其光，同其尘^③，是谓玄同^④。故不可得而亲，亦不可得而疏^⑤；不可得而利，亦不可得而害；不可得而贵，亦不可得而贱；故为天下贵。

【章旨】

老子此章仍然劝喻君王要循守虚静无为之道，柔弱处下，顺其自然。"无成势，无常形，故能究万物之情；不为物先，不为物后，故能为万物主。"（引自《太史公自序 论六家要指》）

【注释】

①知者不言，言者不知——指明通于大道的君王能够处无为之事，行不言之教。若有欲有为而发号施令者，则不能明知于大道。知，即明知于"道"。不言，即无为不言。

②挫其锐，解其纷——谓明道之君摧折其锋锐而持守柔弱，消散其壮盛而呈现虚静。其，指执政之君。锐，锋芒，锐利。指其进取有为之心。解，消散，离析。纷，或作"芬"，或作"分"，盛大，强壮。指贪求多欲之所为。挫锐解纷则虚静柔弱，无欲不争。

③和其光，同其尘——谓明道之君柔和温顺其如日之光而不使显

241

明，和同其至尊之身的言语行为使之不立特异。光，光明，光照。指君王的居至尊之位，成崇高之势。尘，指君王日常的言语行为。和光同尘则能谦卑柔弱而守辱处下，不尚尊贵而与民相近。

④是谓玄同——谓这样做就从根本上完全合同于幽隐玄妙的大道。

⑤故不可得而亲，亦不可得而疏——谓明道之君顺乎自然而无私无欲，群臣百官既不能投其所好而亲近他，又不能营私舞弊而疏远他。不可得，犹如"不能得"，不能做到。

【译文】

君王之能明知于大道者，则处无为之事，行不言之教。若有欲有为而发号施令者，则未能明知于大道。禁塞其耳目不闻无睹，闭合其口鼻不言无声；摧折其锋锐守持柔弱，消散其壮盛居处虚静；掩蔽其光泽不使显明，融合于大众不立特异，这样才能真正和同于大道。因此也就使别人无从窥测揣摩其心思，既不能因了解他而投其所好同他亲近，也不能因此而同他疏远；既不能因了解他而营私舞弊乘机获利，也不能因此而暗中伤害他；既不能因了解他而逢迎吹捧使其尊显，也不能因此而拆台污蔑使其低贱。也正因为如此，他就被天下人所敬重而成为最尊贵的君王。

五十七章

以正治国①，以奇用兵②，以无事取天下③。吾何以知其然哉？夫天下多忌讳而民弥贫④，民多利器而国家滋昏⑤，人多知巧而奇物滋起⑥，法物滋彰而盗贼多有⑦。是以圣人之言曰：我无为而民自化⑧，我好静而民自正⑨，我无事而民自富⑩，我欲不欲而民自朴⑪。

【章旨】

此章所说的"无事"，即无私无欲，无为不言。老子于此明确指出：君王行私智而制禁忌，贪私利而尚法物，所得的结果必定是国家混乱，万民贫困。只有虚静无为，才能民风淳朴，社会安定。

【注释】

①以正治国——谓君王治国时当端身正己而无私无欲，循守大道而清静无为。正，端正，正直，不偏邪。

②以奇用兵——谓当以权变奇异之术用兵作战。奇，异常，奇邪，诡异。

③以无事取天下——谓君王当处虚守静，无为不言，才能得人心而取天下。四十八章云："取天下恒以无事，及其有事也，不足以取天下。"与此义同。

④天下多忌讳而民弥贫——谓君王治理天下时如果所行之禁忌太多，就会影响民众的正常生活而使其陷于贫困。忌讳，因担心言语举动不当而出现不利后果所产生的禁忌。人之所畏为忌，人之所隐为讳。凡忌讳之事，一为对自然现象没有科学的认识而出现迷信的心理所产生，一为对各种法令制度的严厉心生畏惧所产生。人们所禁忌之事皆从己心所生而并非自然所成，忌讳越多则行为越受束缚而影响人们的正常生活，因此老子反对它。弥，益加，愈加。

⑤民多利器而国家滋昏——谓民众所持有的利己之器越多，那国家就会变得越混乱。利器，利己之器，指人们取财牟利的技能。器，才能，技能。

⑥人多知巧而奇物滋起——谓人们所具有的智能与伎巧越多。则社会上的奇邪异常之物就会出现的越普遍。知巧，智能机巧，指人的聪慧善思而机敏能巧。奇物，非常之物，奇邪之物。

⑦法物滋彰而盗贼多有——谓朝廷中所使用的礼仪之物、珍好之物越是美善，那大大小小的"盗贼"就会产生的越多。法物，珍好之物，朝廷中所使用的礼仪之物。以其物贵重华美，必重取于民始能完备，而重取于民则剥削严酷，剥削严酷则民生凋敝，民生凋敝则反抗者即"盗贼"必然多有。彰，显明，华美。指朝廷所用法物的精美华丽，光彩夺目。或作"章"，义同。

⑧我无为而民自化——谓君王能够去私去智，无为不言，民众自然而然就会顺从其教化而实现社会的安定。化，变化，此指化恶从善而至于和谐安定。

⑨我好静而民自正——谓君王喜好虚静自然而不生贪欲，民众自然而然就能过着约定俗成的生活而没有昏乱淫邪之事。

⑩我无事而民自富——谓君王能够顺其自然而不生事端，人民自

然而然就会不须耗费而生活富裕。

⑪我欲不欲而民自朴——谓君王自己没有私心贪欲而纯朴诚实，那民众自然而然地就会保持其纯真质朴、老实厚道的本性。欲不欲，指我之所欲在于世俗之所不欲。世俗爱私贪利，我则爱无私心而物无私利；世俗好争必得，我则虚心弱志而无欲不争。

【译文】

君王治理国家，当循守大道，无欲无为。不似用兵作战，多行权变欺诈之术。只有无私无欲，虚静无为，才能受人拥戴而得天下。我根据什么知道情况是这样呢？因为天下的禁忌避讳之事越多，对人们日常生活的影响也就越大，人民也就愈加贫困。民众利己的才能越多，那营私逐利之事也就越严重，上下欺瞒也就越厉害，国家也就愈加昏乱。人们越是有智能技巧，所制作的淫邪奇怪的东西也就越多，就会引发人们更大的私欲。君王的珍好之物越是华美而繁多，对民众的剥削压迫也就越厉害，那奋起反抗的所谓"盗贼"也就会出现的越多。所以明道之君曾这样说过：我能够无欲无为，人民自然而然就会和谐安定。我喜好虚静不争，人民自然而然就会纯正无邪。我能够无私无欲，人民自然而然就会生活富裕。我能够做别人所不愿做的事情，即柔弱处下无为不言，人民自然而然就会淳厚质朴。

五十八章

其政闷闷①，其民淳淳②；其政察察③，其民缺缺④。祸兮，福之所倚⑤；福兮，祸之所伏⑥，孰知其极⑦？其无正也⑧，正复为奇，善复为妖⑨，人之迷也其日固久矣⑩。是以圣人方而不割⑪，廉而不刿⑫，直而不肆⑬，光而不耀⑭。

【章旨】

此章乃重申君王施政当无欲无求，清静无为。如此，则社会风气就会淳朴敦厚；反之，民风就会缺陋浅薄。因为事物总是向对立的方面转化，而这种转化的过程与结果是人们不能预料的。

【注释】

①其政闷闷——谓君王之行政施教无为不言，顺乎自然。闷闷，形容明道之君无欲无求，其治国理政无为不言的样子。

②其民淳淳——谓其人民朴实憨厚，无欲不争。淳淳，形容民众纯朴厚道、实实在在的样子。

③察察——形容君王理政之明察详审、赏罚之严苛琐碎的情形。

④缺缺——形容民众缺失淳朴之性，风俗浅薄而多生狡诈的情形。

⑤祸兮，福之所倚——谓眼前所发生的灾祸危难等事，其中自有福善之事所倚存。倚，仗恃，倚靠，倚赖。

⑥福兮，祸之所伏——谓目前出现的福瑞之事，其中自有祸灾危难所藏匿潜伏。伏，隐伏，藏匿。

⑦孰知其极——谓没有谁能知道这种祸福转化的终极在哪里。极，终结，尽头。

⑧其无正也——谓福祸相为倚伏而彼此经常转化，从来就没有确定不变的终点。正，犹"定"，犹"止"。

⑨正复为奇，善复为妖——谓正常之事时常转化为奇邪之事，福善之事或者转变为妖祥之事。妖，指物之乖戾反常。

⑩人之迷也其日固久矣——指人们迷茫于祸福、正奇、善妖的相互转化而莫知其极的时间原本就已经很久了。迷，迷惘，迷惑。

⑪方而不割——谓明道之君虽守正持道而坚定不移，却从不因此伤害他人。方，方正，守正。方正之物，有棱有角而不圆滑，因此易于伤人。割，割裂，伤害。

⑫廉而不刿——谓明道之君虽无私无欲，是非分明，若有棱有角，却从不刺伤他人。廉，廉正，有棱角。物有廉隅，则易于伤人。刿，割伤。

⑬直而不肆——谓其性情虽率真直爽而行为却不恣肆放纵。肆，放纵，放恣。

⑭光而不耀——即"和其光，同其尘"。谓明道之君虽身居至尊而能柔和其光，使不强烈耀眼以至刺伤他人。耀，同"耀"，照耀，炫耀。

【译文】

人君治国施政，若能无欲无求，无为不言，那么民众也就会淳朴敦厚、老老实实。反之，其为政治国若详审苛察，吹毛求疵，那民众也就会机诈狡猾，多生奸伪。祸患啊，往往倚依而存在着福瑞；福瑞呢，又总是依存而潜伏着祸患。福祸相倚并存而其机甚微，又有谁知道它们相互转变的终结呢？祸福的相互转化是没有确定不变的终点的。正常的事物会转变为反常的，美善的东西又会转变成妖异的。人们迷惑于这种祸福、正奇、善妖的相互转化原本已经很久了。因此明道之君总是能够持守大道、方正诚实却又不损伤别人，总是能够严肃认真、是非分明却又不伤害他人，总是能够率直淳朴、天真自然而又不放纵恣肆，总是能够光明正大、神采奕奕，却又能够和光同尘而不炫耀刺眼。

五十九章

治人事天莫若啬①。夫唯啬，是以早服②。早服谓之重积德③，重积德则无不克④，无不克则莫知其极，莫知其极可以有国，有国之母可以长久⑤。是谓深根固柢⑥，长生久视之道也⑦。

【章旨】

"啬"就是俭，即敛藏其神形不用而归于无为不言，为老子所看重的三宝之一。君王行俭啬之事，就能合于大道而厚积其德；就能"知足不辱，知止不殆"。若以之治国，则深根固柢；若以之治身，则长生久视。

【注释】

①治人事天莫若啬——谓使人调理和顺而成其天性、养其天年，没有比俭啬更为正确的做法了。治人，使人调理和顺而动静适宜，恬静自然而各成其性。事天，即顺天，指顺乎天性，颐养天年，全其自然而不施人为。事，顺从，顺应。啬，爱惜，俭啬。指啬省其精神而敛藏贞固之。人君能省约其精神，俭啬其志欲以顺乎自然之性，就会内心不驰，外欲不动，故能早行于大道而厚积其德。

②早服——谓早日服从于大道，即及早循行于大道。服，行用，实行。

③重积德——指多多积累自身之德。重，增厚，增多。

④无不克——即无所不胜。克，胜任，战胜。

⑤有国之母可以长久——谓君王保有了国家这个根本，这个基础，就能够长久不衰。母，根本，基础。

⑥深根固柢——谓使其根柢深入而牢固。柢，树根，本根。深根固柢，则国家稳固，统治长久。

⑦长生久视——谓使其生之日长，使其活之年久，即延年益寿也。视，观看，观望。视于物则能明。人生存世则能明，死后入土则为殁，故"视"有"活"意。

【译文】

要使人调理和顺，无灾无害，顺其天性，养其天年，没有比俭啬，即柔弱处下、虚静无为更为要紧的了。只有敛藏其心志而柔弱处下、虚静无为，才能及早地循守于大道。能及早地循守于大道就能厚积其德，积德厚重就会无往而不胜，无往不胜就没有谁能知晓他的最终的极点，莫知其终极之点就能得民众爱戴而保有其国。保有了邦国这个根基，也就能够长久不衰。因此说俭啬积德就是可以使君王益寿延年，使国家稳固长久的基本原则。

六十章

治大国若烹小鲜①。以道莅天下②，其鬼不神③。非其鬼不神也，其神不伤人也④。非其神不伤人也，圣人亦不伤人⑤。夫两不相伤，故德交归焉⑥。

【章旨】

此章以烹鱼切勿烦扰为喻，申明君人治国尤贵于清静无为。清静无为则顺其自然，而神人各得其所。神从天道而民顺人道，如此则德归于民而天下大治。

【注释】

①治大国若烹小鲜——谓君王行政施教治理国家，当如同烹煮鲜鱼一样不可胡乱翻搅。小鲜，鲜鱼，生鱼。烹煮鲜鱼不可胡乱翻搅，屡屡搅动就会把鱼弄烂，此为烹调的常识。同样，治理国家若政令烦苛，反复变动，就会使民众无所适从而散乱不归。

②以道莅天下——谓君王循守大道而临视天下，治理国家。莅，临近，临视。

③其鬼不神——谓鬼魂亦因阴阳和静而顺乎自然，不敢作祟害人。鬼，古人以为人死后精魂升天为鬼。神，灵验，神灵。

④非其鬼不神也，其神不伤人也——意谓并不是那些鬼神没有灵

验了，而是因为君王循守大道以治理天下，社会安定而和谐，那些鬼神不再生成妖妄伤害于人了。

⑤圣人亦不伤人——谓明道之君莅临天下，无为不言而顺乎自然，亦无妄行威权妨害民生之政。

⑥夫两不相伤，故德交归焉——指鬼神与明道之君相互都不伤害民众，而圣人之德与神灵之德又都依归于民众，使民生安定而天下大治。交，共同。归，依归，归附。

【译文】

君王治理国家就如同烹煮鲜鱼一样，烹鱼不能胡乱翻搅，屡屡翻动就会把鱼弄烂；治国则不可随意妄为，妄为数变就会伤民害国。持守大道以临治天下，使社会安定而人民和谐，那鬼神就会显得没有什么灵验。并不是那些鬼神没有什么灵验了，而是那些鬼神也不再伤害人民了。不仅仅那些神灵不再伤害人民，明道之君也不以繁苛之政伤害人民了。两方面都不伤害人民，因此那大恩大德就全都归附于人民了。

六十一章

大国者，下流也①，天下之牝也②，天下之交也③，牝恒以静胜牡④。为其静也，故宜为下⑤。大国以下小国，则取小国⑥；小国以下大国，则取于大国⑦。故或下以取，或下而取⑧。大国不过欲兼畜人⑨，小国不过欲入事人⑩。夫两者各得其所欲，大者宜为下。

【章旨】

此章针对诸侯间争强好胜、交战不已的动乱局面，提出了处理国与国之间关系的准则，即循守大道而虚静处下，无为不争。大国处下不争，则小国从之而得安；小国守静无为，则入事大国而无患。

【注释】

①大国者，下流也——意谓大国就好像是河川的下游近海处，汇聚收纳上游的许许多多小国，如此则愈见其大。下流，即下游，指河川下游的低洼近海地段，上游各条支流汇入其中。

②天下之牝——谓大国有如天下最为虚静低下之地而万物汇合聚集于此。牝，母性生殖器。牝常持虚守静而胜牡，此喻大国常虚静无为而待天下之归往。

③天下之交——指天下万物之交配媾合。交，指阴阳交合，雌雄交配。

④牝恒以静胜牡——谓雄雌交配媾合时，雌性总是以持虚守静而胜于雄性。牝牡，犹如雌雄。雌畜常以静守而雄性则以动入，雄性泄精而后殆，故言牝以静胜。

⑤为其静也，故宜为下——正因为母牝的本性虚静，所以也就应该低身处下。此喻大国既然为天下之牝，当然就应该虚静处下而为天下所归往。

⑥大国以下小国，则取小国——谓大国能谦卑处下而礼遇小国，就会取得小国信赖并甘居于卑微附属之地。下，低下，处下，用作动词。

⑦小国以下大国，则取于大国——谓小国能够归顺与依附大国，则为大国所信任与容纳。取，同"聚"；字本作"冣"。

⑧或下以取，或下而取——指大国的谦卑处下而取得小国的归附，而小国的卑微低下则归聚依附于大国。后一"取"字读作"冣"。

⑨欲兼畜人——即想要兼并容纳他人。兼，吞并，合并。畜，容纳。

⑩欲入事人——谓小国的目的不过是想要归附而听命于大国。入事，归附而顺从之。

【译文】

大国就像是河川的下游近海处，汇纳聚合了上游的许多小国而愈见其大，它就像是天下最大的母性生殖器。天下万物交配媾合时，雌畜总是以持虚守静而胜于雄性的，正因为她本性虚静，所以也就应该位处下方。（大国既然为天下之牝，当然就应该守静处下。）大国能谦卑处下而礼遇小国，就会取得小国的信任与归附；小国若柔弱处下而服从大国，就会归附于大国而得到庇护。因此这世界上有的以谦卑处下而取得别人的拥护，有的则卑微居下而得到别人的庇护。大国的目的不过是要容纳而畜养小国，小国的目的不过是要归附而听命于大国。既然大家都能够实现自己的意愿，那么大国当然也就首先要谦卑处下了。

六十二章

道者，万物之奥也①。善人之宝也②，不善人之所保也③。美言可以市④，尊行可以加人⑤。人之不善，何弃之有⑥？故立天子，置三公⑦，虽有拱璧以先驷马⑧，不如坐进此道⑨。古之所以贵此道者何也⑩？不曰求以得，有罪以免耶！故为天下贵。

【章旨】

此章重申天下万物全都归顺于"道"。对善人而言它是宝物，对不善人而言它能保护。依世俗的眼光来看，持守大道既能得其所求，又能免其有罪。因此，自古以来"道"就被天下人所尊尚。

【注释】

①道者，万物之奥也——谓大道乃为天下万物所爱好而向往归聚之所。奥，本指深邃幽隐处，以其深隐，遂有蕴藏之意。故凡物所归聚、积聚之所为奥。地之低洼处为凹，山间低地为坳。大道渊博深广而为万物归聚向往，若水之流注其中。

②善人之宝——善人循守大道则重积德而无不克，长生久视而无遗身殃，故为善人之宝。

③不善人之所保——谓大道乃使不善人得到保护，受到恩惠。不善人沾被其恩则适己而有得，因此为不善人所喜爱。保，保养，保护。

④美言可以市——谓动听悦人的美言善语，可以为其人交易求利，谋得好处。犹如今天之广告宣传，可以使物品得善价而速售。市，本指买卖之所，此称交易取利之事。

⑤尊行可以加人——谓尊贵之行可以取得众人的敬佩与尊崇。加人，谓居于人上，被人所敬仰。

⑥人之不善，何弃之有——谓人虽有不善，亦不当被弃置不用。人有不善，众人并不嫌弃他，美言以劝喻之，尊行以诱导之，保护慈爱之以使其合于大道而归于至善，如此则虽有不善，亦何可弃之？

⑦立天子，置三公——谓拥立天子，任命三公之时。三公，周时立太师、太傅、太保为三公，为群臣中最尊贵者。置，设立。

⑧拱璧以先驷马——指先赠送很大的玉璧，然后赠送四马一乘的重礼。拱璧，特大的玉璧。拱，通"珙"，大璧也。驷马，指四匹马共拉一车，称为一乘。按：古之献物，有轻先重后之礼。

⑨坐进此道——谓席坐而论说进献此虚静无为之道。进，进言，进献。

⑩古之所以贵此道者何也——谓古时君王所以尊崇而循行虚静无为之道的原因是什么呢？此句乃设问之辞，与下文"不曰……邪？"相应。正肯定了"道"能够"求而得"，"有罪而免"的重要作用。

【译文】

大道幽隐玄远而为天下万物所向往归聚，善人持守大道则恩惠普施于众而有德，因此它是善人的大宝。不善人则沾被其恩惠而得到庇护，因此它是不善人的保护者。善美的言语能够取得众人的赞赏和尊敬，高尚的行为可以受到众人的称誉和景仰。所以善人总是持守大道，用美言和尊行来关爱和救助那些不善之人。

别人如有不善，又怎能对他弃置不顾呢？因此说拥立天子或置任三公等重臣时，即使有珙璧在先、驷马随后等一系列隆重的朝聘礼仪，也不如论说而进谏此"道"于安邦治国更为有效，更为可贵。古时人们之所以尊贵此道的原因何在呢？不就是因为所求可以有得，有罪能够免灾，因此也就被天下人所尊贵吗！

六十三章

为无为①，事无事②，味无味③。大小多少④，报怨以德⑤。图难于其易⑥，为大于其细⑦。天下之难作于易⑧，天下之大作于细。是以圣人终不为大，故能成其大⑨。夫轻诺必寡信⑩，多易必多难⑪。是以圣人犹难之⑫，故终于无难⑬。

【章旨】

此章进一步阐述了"反者道之动，弱者道之用"的基本原则，劝喻人君虚静无为，谦卑处下，"图难于其易，为大于其细"。

【注释】

①为无为——谓君王的言语行为、行政施教要顺其自然，清静无为。为，作为，行为。指人们平时的言行处事，君王的施政治国。无为，指无私无欲，无为不言。即不依照个人的心志欲念去作为，而顺从事物之客观规律去行事。

②事无事——谓君王的行政施教要顺其自然，而不要依从于个人的志欲任意妄为而多生事端。无事，即无欲无为，顺其自然。

③味无味——谓君王的饮食用餐要清淡适口而不贪求肥美厚味。味，滋味，味道。此用作动词，泛指人们的饮食用餐。无味，指清心淡

259

欲，不贪美食，不求厚味。

④大小多少——谓大其小者而多其少者。指君王须推重于柔弱卑微，崇尚于少私寡欲。大、多，用作动词。意为推崇，尊尚，推重。小，少，为名词。指处虚守静，无欲无为，柔弱卑微，简易质朴。

⑤报怨以德——谓君王对于别人的怨恨，要用体道行德来应答回报。

⑥图难于其易——谓谋划解决困难时要从简易处下手。图，图谋，谋划。

⑦为大于其细——谓完成大业要从细小之事做起。为，犹如完成，成就。"图难于其易，为大于其细"二句似为古代成语。老子于此解说其义而阐发道德之论，也是对上句所言"大小多少"的具体解释。

⑧天下之难作于易——指天下所有的困难事情必定产生于简易之初。作，兴起，发生。

⑨圣人终不为大，故能成其大——明道之君始终都能谦卑处下而不妄自尊大，因此也就能够君临天下而成就其大业。

⑩轻诺必寡信——指轻易允诺者，很少能够信守其言。即轻视其诺言者必然缺少诚信。诺，应答之辞。

⑪多易必多难——谓总是把事情看的很容易的人，必定会经常遇到很多困难。多易，指经常把事情看得很简单而心生轻视。

⑫圣人犹难之——即圣人犹之难。指明道之君总是认真仔细地谋划考虑各种事情，追究探明事情的原委而认真地予以解决。犹，或作猷，谋划。难，诘责，诘问。难之，即追问其事之究竟。

⑬终于无难——谓凡事都谨慎小心，预先都考虑得非常周全详细，最终也就没有什么困难了。

【译文】

君王的所作所为要顺其自然，清静无为。君王的尽职行事要少私寡欲，不生事端。君王的吃喝食饮要清淡适口，不求肥厚。要尊尚其柔弱卑微而自甘于谦卑处下。要用体道行德来回应对待别人的怨恨。解决困难问题要从简易的地方着手，实现宏图大业要从细小的事情开始。天下所有困难的事情都兴起于容易之时，天下所有重大的事情都产生于细小之始。因此明道之君始终都不妄自尊大、张扬夸耀，最终却能够成就大业而实现大治。那些轻易作出的许诺必定缺少诚信而难于兑现，总是把事情看得很容易那肯定会遇到很多困难。因此明道之君总是认真对待各种事情，反复仔细地谋划考虑其中的困难，而最终也就没有什么困难了。

六十四章

其安也，易持①；其未兆也，易谋②；其脆也，易泮③；其微也，易散④。为之于未有⑤，治之于未乱⑥。合抱之木，生于毫末⑦；九层之台，起于累土⑧；千里之行，始于足下。为者败之，执者失之⑨。是以圣人无为也，故无败；无执也，故无失。民之从事也，恒于其几成而败之⑩，故曰："慎终若始⑪，则无败事矣。"是以圣人欲不欲⑫，不贵难得之货；学不学，复众人之所过⑬；以辅万物之自然，而不敢为也⑭。

【章旨】

此章乃推演"图难于其易，为大于其细"之义，劝喻人君循守大道要从现在做起，从细微之事做起。要无私无欲，无为无执。并且要慎始慎终，持之以恒。

【注释】

①其安也，易持——谓那些安静不动的东西往往易于握持而不失，那些安定稳固的物体往往容易维持而不变。其，语助词。

②其未兆也，易谋——谓那些尚未形成、尚未发生的事情往往易于谋划处置。未兆，没有显现征兆，指事情尚未发生的时候。兆，本指烧灼龟甲时开裂的纹路，视其兆而占卜其事。引申为表征，迹象。

③其脆也，易泮——指那些松脆的东西往往容易开裂破碎。泮，通"判"，分解，分裂，分散。

④其微也，易散——谓事情在隐微不显的时候易于消散清除。散，分散，消散。

⑤为之于未有——要在问题还没有出现之前就预先来安排处置。为，"为而不恃"之为。指顺乎自然的正常作为。

⑥治之于未乱——要在混乱尚未产生之前就及时地治理解决。

⑦合抱之木，生于毫末——指那些高大粗壮，需要众人连手才能围拢的树木，是由小芽嫩苗长成的。毫末，形容极细微的东西，此指嫩芽小苗。

⑧九层之台，起于累土——指那些极其高大的土台，乃是由一点点的土壤堆积而成的。九层，或作"九成"，亦云"九重"。累，或作"素"，黍、累为我国古代两种极小的重量单位。

⑨为者败之，执者失之——指依照自己的私欲而着意作为的君王必定遭遇失败。而按照自己的欲念着意把持权柄、获取财货的君王必定失去所得。

⑩恒于其几成而败之——常常在事情接近成功时反而败坏其事。几成，谓几近成功，接近事情的完成。

⑪慎终若始——谓做事情在其快要结束的时候也要谨慎小心，就如同事情刚刚开始一样。千万不可草率懈怠，掉以轻心。

⑫欲不欲——欲众人之所不欲。谓明道之君所欲得之物乃为众人所不愿得到的东西。众人贵难得之货，圣人反不贵之。众人好有欲有为，圣人则无欲无为。

⑬学不学，复众人之所过——谓明道之君如若有学，也只是仿效世俗众人所不愿仿效的东西如虚静无为、柔弱处下等，返回到众人所经过

而弃之不顾的卑下污辱之地。复，返归，返回。众人以清静无为为无用而弃之不顾，圣人则返归于清静无为而循行之。众人以谦卑处下为低贱无能而远离之，圣人则返归于卑下污辱之地而守持之。

⑭以辅万物之自然，而不敢为——谓总是能够辅相天下万物，顺其自然地生长而不敢有欲有为，即不敢以自己的私心贪欲而背"道"妄为。此乃总结之语，谓圣人之"欲不欲"与"学不学"，正是辅相万物之自然而不敢为的具体表现。

【译文】

那些安定稳固的事物往往易于维持，那些尚未发生的事情往往易于谋划，那些松软脆弱的东西往往易于破裂，那些隐微不显的事物往往容易消散。所以，要在事情没有出现之前来安排处置，要在混乱尚未产生之初就治理解决。那合抱粗的大树，长成于小芽嫩苗；那九重高的楼台，修成于细壤累土；那千里之遥的行程，开始于脚下之地。天下所有之事，凡依照自己的私欲去着意作为的，反而会败坏其事；天下所有之物，凡依照自己的心思去执意把持的，反而会失去其物。所以，明道之君总是顺其自然，清静无为，因此也就没有败亡之事；总是无私无欲，不抓持什么东西，因此也就什么都不会失去。而民众在做事的时候，往往是在几乎接近成功的时候反而遭到失败。因此说："当事情快要结束时仍然谨慎小心，就如同刚刚开始一样，那决不会出现败亡之事。"所以明道之君总是愿望得到那些众人所不愿得到的东西，而不看重那些稀见难得的珍宝金玉；总是学习那些众人所不愿学的东西如清静无为等，返归于众人所曾经过但被弃之不顾的卑下污辱之地；总是能够辅助天下万物顺其自然地发展变化，不敢为了满足私欲而胡作妄为。

264

六十五章

古之善为道者^①，非以明民，将以愚之^②。夫民之难治，以其多知也^③。故以知治国，国之贼也^④；不以知治国，国之德也^⑤。恒知此两者亦稽式也^⑥，恒知稽式，是谓玄德^⑦。玄德深矣，远矣，与物反矣^⑧，乃至大顺^⑨。

【章旨】

老子此章重申"见素抱朴"之义，强调人君治国必须黜其聪明，偃其智慧。即管子所谓的"其处（物）也若无知，其应物也若偶之"。只有体行此道的君王才能有大德，也才能至于大顺的最高境界。

【注释】

①善为道者——此指能够循守大道以行政施教的君王。四十八章云："为道者日损。损之又损，以至于无为而无以为。"则善为道者能处虚守静而无为不言。

②非以明民，将以愚之——意谓明道之君不把自己的聪明才智显露于民众，不用自己的机敏智巧对付民众，而是闭智塞聪，和光同尘，以无欲无求、淳厚朴实的"愚昧"之态显示于民。人君显露其才智而与民争利，则民众亦效仿其所作所为，遂易生蒙蔽欺瞒之患而伤害其政，故明道之君往往闭塞其聪明而示之以愚。

③民之难治，以其多知——谓民众所以难于治理的根本原因，是因为君王总是推崇和显示自己的聪明才智。其，代词，指人君。多，用作动词，看重，推崇，炫耀。第十章云："爱民治国，能无以知乎？"十九章云："绝圣弃智，民利百倍。"老子一贯主张君王治国"不以知"，主张"弃智"，反对"多知"。

④以知治国，国之贼也——谓君王倚仗着自己的聪明才智来发号施令，治理国事，是对国家的严重危害。贼，伤害，危害。国之贼，指对国家的祸害。

⑤国之德——即国之福，福、德二字义可通。

⑥恒知此两者亦稽式也——谓君王经常能明知于这两点，也就等于是参考和效仿历来治国的经验法则。两者，指"以知治国，国之贼也"与"不以知治国，国之德也"。稽式，指参考效法历来治国的法则、法式。稽，考察，考核。

⑦玄德——深远之德，根本之德。玄，深远幽隐，微妙幽深。凡合于道者则谓玄德。

⑧与物反矣——谓偕同民众一起返归于大道。物，指民众。众议为物议，众论为物论，故"物"有"众"意。反，同"返"。指返归其真，即返归于质朴之初，返归于自然之道。

⑨乃至大顺——谓天下万物莫不顺乎自然之道而成其自然之性，使天下达于大治。

【译文】

上古时代善于循守大道的君王，（其行政施教顺乎自然、清静无为，）从不把自己的聪明才智显露于民众，而总是闭塞其聪明，显现出无私无欲、无知无能的愚昧之态。民众难于治理的根本原因，就是因为君王自诩和炫耀自己的聪明才智，（反而导致臣民的竞相仿效，造成群臣的投机钻营，蒙骗欺蔽。）所以任用自己的聪明智能来治理国家，那是国家的祸害；不用自己的聪明智能而循守大道来治理国家，那才是国家的福分。君王经常能明了于上述两点，也就是稽考并效仿古代治国的法度准则。经常能够稽考而效仿古代治国的法度准则，这就是具有着循守大道的根本之德。君王的根本之德幽深而又玄远，最终就会与民众一起返璞归真，就能使天下万物莫不顺其自然，从而实现国家的安定与社会的和谐。

道德经

六十六章

江海所以能为百谷王者^①，以其善下之也^②，故能为百谷王。是以圣人之欲上民也^③，必以其言下之^④；欲先民也，必以其身后之^⑤。故居上而民弗重也^⑥，居前而民弗害也，天下皆乐推而弗厌也^⑦。非以其无争与^⑧，故天下莫能与争？

【章旨】

此以江海之低洼善下而为百川所归聚为喻，申明君王必须谦卑处下，无欲不争。君王能守辱处下，则为万民所拥戴；君王能谦让不争，则为天下所敬重。天下皆乐推而不厌，如何不为万民之主？

【注释】

①为百谷王——谓成为天下之溪流河川所归往汇聚之地。

②善下之——谓喜好以卑微低下自处，喜好居处于低洼卑下之地。善，喜好。下，处下，用作动词。

③圣人之欲上民——谓明道之君将要居于民上而为其君。欲，将然之辞。此指圣人之从民愿而居其上，非谓圣人之内有私欲而贪求上位。上，居上，用作动词。

④以其言下之——谓使其言语行为谦虚卑下而恭敬于民。如自称孤、寡、不穀等。

268

⑤欲先民也，必以其身后之——谓君王将要居于民众之前成为其君，就一定要使自己退身民后而谦让不争。先民，即先于民，位居于民众之前。

⑥居上而民弗重——谓明道之君虽位居民上而民众并不感到负担沉重和辛苦劳累。

⑦乐推而弗厌——谓民众全都乐意推举他为君王而并无厌弃之心。推，拥戴，推举。

⑧非以其无争与——不是因为他无私无欲，不与民争吗？

【译文】

大江大海所以能够成为河川溪谷归流汇聚之地，就是因为它们喜好自处于最为低洼卑下的地方，所以才能够成为百谷之王。因此明道之君要想位居于民众之上而被人尊崇，就一定要使自己的言谈话语谦卑低微，甘居人下。要想位居于民众之前而被人拥戴，就一定要使自己的行为处事柔弱卑下，甘居人后。故而君王虽然位居于民众之上，但民众并不因此感到有负担；虽然身居于民众之前，而民众并不因此感到有所妨碍。天下之人全都乐意推举他成为君王而并不厌烦其在上位，不就是因为他谦卑处下，无欲不争，因此天下也就没有谁能够同他相争吗？

六十七章

天下皆谓我大^①，大而不肖^②。夫唯不肖，故能大^③；若肖，久矣其细也夫！我恒有三宝，持而宝之^④：一曰慈^⑤，二曰俭^⑥，三曰不敢为天下先^⑦。夫慈，故能勇^⑧，俭，故能广^⑨；不敢为天下先，故能为成器长^⑩。今舍其慈，且勇^⑪；舍其俭，且广；舍其后，且先；则死矣^⑫！夫慈，以战则胜，以守则固。天将建之，如以慈垣之^⑬。

【章旨】

此章描述了"道"的周普天下与遍及万物之"大"，介绍了循守大"道"的三项基本原则：一曰慈，二曰俭，三曰不敢为天下先。君王能够遵循这些基本原则，就能兴旺昌盛；反之，就会必入死地。

【注释】

①天下皆谓我大——谓天下之人都称说我广博宏大。我，指"道"。大，指道的幽深玄远，广博宏大，乃老子为"道"所立之名。二十五章云："有物混成，先天地生。寂兮廖兮！独立而不改，周行而不殆，可以为天地母。吾不知其名，字之曰道，强为之名曰大。"

②大而不肖——谓"道"虽广博宏大，却不似于任何一物。肖，类似。

③唯不肖，故能大——谓"道"就是因为不与世间任何一物相似，所以才没有具体之形，没有可命之名，所以才称其为"大"。

④持而宝之——谓持守不失且宝爱珍藏着它。宝，用作动词，或作"保"，意为珍爱，珍藏，保藏。

⑤一曰慈——第一宝为慈爱。慈，慈爱，慈惠。慈爱于物则恩惠存心而奉献于外。此指"道"之爱人爱物，无私无欲，处下不争而善利万物。

⑥二曰俭——第二宝为俭约。俭，俭啬，俭约。指"道"的无私无欲，不贪不奢，知足知止，恬淡俭约。"甚爱必大废，多藏必厚亡。"俭于物则民安而国家富足，啬于身则精固而长生久视。

⑦不敢为天下先——指君王之言行处事总是循守大道而不敢不为，总是柔弱处下而顺其自然。即第七章所言之"圣人后其身而身先，外其身而身存"。先，首唱，即先人而为。

⑧慈，故能勇——谓其慈惠爱众，则能勇猛果决，无所畏惧。其柔以克刚，故能健壮有力，无所不胜。

⑨俭，故能广——谓俭约于物则家给人足，国泰民安。啬爱于身则精力充沛，长生久视。五十九章言："治人事天莫若啬。夫唯啬，是以早服，早服谓之重积德。"重积德则无灾无祸，自然就能广且久。

⑩为成器长——指成为大器之长，即成为天下之君。成器，犹"大器"。

⑪舍其慈，且勇——谓舍弃慈柔之本，而一味地盲目逞强而好勇斗狠，无惧无畏。舍，舍弃，丢弃。且，义同"狙"。且勇，即取用勇敢而弃其柔弱，指采用好勇斗狠而无所畏惧。

⑫则死矣——谓就会步入死地。

⑬天将建之，如以慈垣之——谓上天若将确立他为君王，就会以慈爱护卫其身。救，助也。

271

【译文】

　　天下之人都称赞我广博宏大，且称名我作"大"，我虽然玄远宏大，却不似于任何一物。就是因为我与任何事物都不相似，所以我才能够这么玄远宏大。如果要是相似于任何一物，那么我早就已经变得细小了啊！我总是有三件宝物持守而珍藏于身。一件叫作"慈"，即慈爱恩惠；一件叫作"俭"，即俭约不奢；一件叫作"不敢为天下先"，即柔弱处下而无为不争。持守这个"慈"，就能勇于救施而无所畏惧；持守这个"俭"，就能无灾无祸而久行广用；持守"不敢为天下先"，就能得民众拥戴而真正成为天下之君。现在如果舍弃掉慈爱，只是一味地勇往直前；舍弃掉俭约，只是一味地奢侈贪求；舍弃掉柔弱处下，只是一味地有为争先，那就必定是死路一条。那"慈"是最有力量的，用它攻战就能取胜于敌，用它据守就能稳固自己。上天想要树立什么人，就会用慈爱恩惠来护卫保佑着他。

六十八章

善为士者不武①，善战者不怒②，善胜敌者不与③，善用人者为之下④，是谓不争之德。是谓用人⑤，是谓配天⑥，古之极也⑦。

【章旨】

老子此章以为士用人和善战胜敌的最佳境界为喻，说明守辱处下、无为不争是君王应有的美德。是自古以来用人配天，即顺从人道符合天道的最高准则。

【注释】

①善为士者不武——谓善于训导与使用群臣百官的君王绝不盛气凌人。为士，养士，用士。指训导与统领百官。武，指刚健威猛而凌驾人上。善于养士用士之君谦卑处下，柔弱虚静，故"不武"。

②善战者不怒——谓善于指挥作战的将帅不因自己的志欲而生恼怒愤恨之心。不怒，不愤恨，不气恼。愤恨气恼皆由于己心私欲而发，善战者观天察地，明于敌我而无私无欲，故"不怒"。

③善胜敌者不与——谓善于胜敌之君不会直接与敌人交战拼杀以取得胜利，总是能不战而屈人之兵。与，连及，接触。引申指交战、攻杀。

④善用人者为之下——谓善于使用人才的君王总是甘居他人之后，即谦卑待人，柔弱处下。

⑤用人——即行用人道，践行于人道。指君王之行政施教能够顺乎民心而符合人与人相互交往的准则。用，行用，顺从。

⑥配天——即配合天道，符合天道。指君王之行政施教符合于客观自然的运行规律。

⑦古之极也——指古时君王所遵行的最高准则，所达至的最佳境界。用人配天，乃谓明道之君其体道行德，既符合于人与人相互交往的基本准则，又符合于天地万物客观自然的运行规律，因而达到了最高境界。

【译文】

善于统领百官的君王从来就是顺乎自然、虚静无为而没有刚健威猛、咄咄逼人的架势；善于攻战杀敌的将帅从来就是顺天明理、无私无欲的，决不会由于己心私欲而气恼愤恨；善于用兵胜敌的君王总是能不战而屈人之兵，决不同敌人打接触战；善于使用人才的君王总是能守柔处弱、甘居人下而从不会飞扬跋扈、夸耀自我。这些就是清虚自守，无为不争的大德；就是既符合于人事，又符合于天道，这是古代君王所遵循的最高准则。

六十九章

用兵有言曰①："吾不敢为主而为客②，不敢进寸而退尺③。"是谓行无行④，攘无臂⑤，执无兵⑥，扔无敌⑦。祸莫大于无敌⑧，无敌几亡吾宝⑨。故抗兵相若⑩，则哀者胜矣⑪。

【章旨】

此章以用兵之法为喻，说明知雄守雌，谦退不争的极端重要性。如魏源所云："老子见天下方务于刚强，而刚强莫甚于战争，因即其所明者以喻之。使之即兵以知柔退，即柔退以反于仁慈，非为谈兵而设也。"

【注释】

①用兵有言——谓古之善用兵者曾有此语。用兵，指统兵作战的将帅。

②不敢为主而为客——即不敢主动兴师动众去进攻，而只是像宾客顺随主人一样应对敌方的进攻。为主，指主动兴兵攻敌。肇兵端而主动进攻则为阳而显示刚强。为客，指迫于形势不得已而应敌之兵。被动应敌为阴而主于柔弱。

③不敢进寸而退尺——谓不敢有少许进兵相争之意，而甘愿大步后退撤兵。进寸，比喻难进。退尺，比喻易退。

④行无行——谓虽有行动而不见其形迹，指我虽行军布阵而对方却不能察知我的行为踪迹。前一"行"字，谓行动，行迹，泛指行军、布阵等各种军事行动。无行，即无形。"行"通"形"，指形态、情形。

⑤攘无臂——谓我虽奋臂相推拒敌于外，对方却看不见有臂膀挥动。

⑥执无兵——谓我虽严阵以待装备齐整，对方却看不见我手执兵器。

⑦扔无敌——谓我虽顺势牵引于敌使其就范，对方却看不见我之靠近接触。扔，牵引，牵拉。无敌，指不见对手。

⑧祸莫大于无敌——谓没有比轻视敌人所造成的危害更为严重的了。

⑨无敌几亡吾宝——谓目中无敌就接近于丧失我所持守的宝物。几，接近，将近。宝，此指所持守之"道"，即前文所说的"慈、俭、不敢为天下先"三宝。无敌者往往自以为强横而骄傲气盛，又大多轻于杀人而妄行进攻，自然也就不合于大"道"而丧失其宝。

⑩抗兵相若——谓双方举兵对阵而实力相当。抗，举起，兴举。抗兵即执举兵械而交战。相若，相似，相当。指双方军力彼此相近而不分上下。

⑪哀者胜矣——谓心存哀怜而彼此相惜者必能取胜。哀，爱怜，哀矜。哀矜性命者自然有慈善之心。慈爱相愍故赴敌能勇，而战之则胜。

【译文】

善用兵者曾说："我不敢耀武逞强去兴兵攻敌，而只是采取守势应敌作战；我不敢轻敌冒进哪怕是只有一寸，而往往会主动后退哪怕是多达数尺。"这种处静以应敌、守柔而不争的用兵之道就会使得虽有行军布阵对方却不见其安排调动，虽被排斥阻击对方却不见其臂膀的推抵，虽有强大的军力对方却看不到其执矛操戟拿着武器，虽受到牵引拉拽对方却看不见对手在哪里。用兵拒敌的祸患没有比目中无敌、轻视对手更为严重的了，轻视敌人就必定要丧失掉那守柔处下的宝物而不能自保。所以说，举兵对阵而军力相当的时候，那守柔贵慈、悲悯哀伤的一方就必然会取胜于敌。

七十章

吾言甚易知也①，甚易行也。而天下莫之能知也，莫之能行也②。言有宗，事有君③。夫唯无知也，是以不我知④。知我者希，则我贵矣⑤！是以圣人被褐而怀玉⑥。

【章旨】

此章乃感叹于道家的宗旨虽然简单明确，易知易行，但天下之人囿于私欲私利而莫能知，莫能行。大概这也反映了老子自叹其言不为世人所知，其道不为君王所行的感慨与无奈。

【注释】

①吾言甚易知也——此老子自谓我所提倡的体道行德的主张非常简单明白，很容易被人知晓和了解。

②莫之能行——谓天下的诸侯之君没有谁能够遵从与实行此"道"。

③言有宗，事有君——此老子自谓其所言之话与所倡之事并有明确的主旨。宗，根本。老子主张"处无为之事，行不言之教"，言以"不言"为宗，行以"无为"为君。

④不我知——即不知我。意谓不能明了于老子所提倡的道德，不能明了体道行德的宗旨。

⑤知我者希，则我贵矣——此用物以稀为贵的常识为喻，说明能够明知于道德者越是稀少，则越能显出道德的尊贵。

⑥圣人被褐而怀玉——谓明道之君形秽而质真，其外表有若凡庸低贱而内心则纯洁和润有如宝玉。被褐，身穿粗衣。褐，用粗毛或麻制作的衣裳，贱民所常服。怀玉，指内德充沛而若怀宝玉。怀，犹如保藏，珍藏。

【译文】

我（即道）所宣扬的主张极易为人所知晓，也极易为人所实行；而天下的君王却没有谁能够知晓，没有谁能够实行。我（即道）所提出的主张以"不言"为宗主，所行之事以"无为"为根本。只是因为那些君王愚昧无知，不明了于这个宗旨，因此也就不能了解我（即道）。知晓我（即道）的人越是稀少，那我就越显得尊贵。因为物以稀为贵嘛！所以明道之君总是被褐藏身而外若愚钝，其内心则如宝玉一般纯美和润。

七十一章

知不知，尚矣^①；不知知，病矣^②。夫唯病病，是以不病^③。圣人之不病也^④，以其病病，是以不病。

【章旨】

这里告诫君王务必掩其聪明而外露愚钝，"以不知为道，以奈何为宝"（引自《吕氏春秋》），只有这样才能合于大道而达于大治。

【注释】

①知不知，尚矣——即知之而不自以为知，这是非常高明的。谓君王虽明知其事而当守之以愚，不自以为能而炫耀之。尚，通"上"；高贵，尊崇。此处意为明智，高明。

②不知知，病矣——即不知而自以为知，这是非常愚钝的。谓君王不能明了于大道，其内心愚昧无知反而自以为聪明智慧，这是非常有害与危险的。病，病害，病痛。指病患极为严重。

③唯病病，是以不病——谓只有痛恨憎恶那些不知而自以为知的错误做法，才能康健无病。第一个"病"字，用作动词，谓以那些错误的做法为祸而忧患其事，痛恨其事。病病，即痛恨其病。指痛恨那些不知而自以为知的错误行为。

④圣人之不病——指明道之君不生困辱，不存忧患。

【译文】

　　人君虽深通于大道而并不自以为贤智聪明，亦即被褐而怀玉，这是非常高明与值得推崇的。若并不通晓于大道却自以为智慧聪明，那就非常愚蠢而令人厌恶。只有痛恨并革除那些病害，因此才会不生祸患也没有困辱。那些明道之君常常没有祸患、没有困辱的原因，就是因为他们痛恨那些自以为知的病害且能及时革除它们，所以才没有困辱与祸患。

七十二章

民不畏威^①，则大威至矣^②！无狎其所居^③，无厌其所生^④。夫唯不厌，是以不厌^⑤。是以圣人自知而不自见也^⑥，自爱而不自贵也^⑦。故去彼取此^⑧。

【章旨】

此章乃劝说君王切勿炫耀张扬，妄发淫威；切勿压迫民众，困顿民生。只有慈爱宽厚地对待民众，才会得到他们的拥护和尊敬，才能具有极高的威望。

【注释】

①民不畏威——谓民众心中并无畏惧权威之意，丝毫都不惧怕君王的威权。威，指君王的威势和权力。

②则大威至矣——谓君王所拥有的至高无上的威德就会达成与展现。大威，指君王能体道行德使天下大治，因而所具有的极高的威信，极大的威望。

③无狎其所居——不要局促限制民众的生存居处而使其不得舒适自由。狎，假为"狭"。狭，窄狭，小狭，引申为拘束，限制。

④无厌其所生——不要压制束缚民众的日常生活而使其不能安定和顺。厌，通"压"，压迫，逼迫，镇压。

⑤唯不厌，是以不厌——只有君王不因为自己的贪求多欲压迫民众，民众才不会因为厌恶君王的统治而推翻他。前之"不厌"，谓不压迫，不压制。厌，通"压"。即"无厌其所生"之"厌"。后之"不厌"，谓不厌弃，不厌恶。义同六十六章"天下皆乐推而弗厌"之"弗厌"。

⑥自知而不自见——谓明道之君有自知之明而能知足知止，绝不妄自夸示与炫耀。见，通"现"，指显示夸耀。

⑦自爱而不自贵——谓明道之君能清静少欲而守柔处下，绝不多欲有为而骄矜尊贵。自爱，谓爱护自身而使之虚静寡欲。自贵，谓自生骄矜之心而妄居尊贵之位。

⑧去彼取此——谓去其"自见"、"自贵"之行而守其"自知"、"自爱"之志。

【译文】

君王在上而（循守大道，处无为之事，行不言之教，不用刑罚杀戮压服人民，）人民并不害怕他的威权（而非常地爱戴他，拥护他），那么他的极高的威望也就形成了。所以君王一定不要限制人民的自由居处，不要压迫人民的安定生活。只要君王不去压制人民，人民也就不会厌恶与痛恨其君王。所以明道之君总是有自知之明而不炫耀自己，总是能自爱自重而谦卑处下，从不张扬跋扈而自显尊贵。因此要去掉那些自贤自贵的行为而采取虚静处下、柔弱不争的做法。

七十三章

勇于敢则杀①，勇于不敢则活②。此两者或利或害③，天之所恶，孰知其故？天之道，不争而善胜④，不言而善应⑤，不召而自来⑥，绰然而善谋⑦。天网恢恢⑧，疏而不失⑨。

【章旨】

这里还是以天道的无为自然而成就万物，来证明君王的柔弱处下最为正确。告诫人君须"勇于不敢"而"勿以取强"，因为"勇于敢"为天之所恶，必然要受到上天的惩罚。

【注释】

①勇于敢则杀——谓其心志骄溢而勇气充盈者，其言行处事往往奋发进取而勇决果敢，如此则必入死地。亦即所谓"坚强者死之徒"。勇，指具有充足的信心和胆量而勇于作为。敢，进取，进犯。引申为奋勇向前而毫不畏惧。君王若"勇于敢"则强梁恣肆，气势盛壮，必狭民之居且压民之生，如此则民众必然厌弃之。民众厌弃之则天诛将至，故而必杀其身。

②勇于不敢则活——指君王能坚决地循守于大道而柔弱处下，虚静谦退，则必然长生久视。不敢则柔弱，柔弱者生之徒，故能活。

③此两者或利或害——谓"敢"与"不敢"两事或有利或有害，勇于不敢则活而有利，勇于敢则杀而有害。

④不争而善胜——谓天道虽无为不争，却能经常取得胜利。善胜，好胜，常胜。

⑤不言而善应——谓天道虽然无为不言，却往往能够及时准确地回报其人其事。应，响应，报应。顺天则吉利，逆天则凶害，此则善应。

⑥不召而自来——谓天道虽不召唤、召集众物，却因其无私无欲而守辱处下，往往能够自然而然地使众物归聚依顺。

⑦繟然而善谋——谓天道坦荡宽广而无私无欲，虽其不营求私利而百般算计，却往往必有所得而不生败事。繟然，不急不迫，无忧无虑的样子。善谋，指谋划的非常周到全面而无缺无失。

⑧天网恢恢——谓上天所编织的善善恶恶之网恢宏广大，无处不在。

⑨疏而不失——谓天网虽然看起来稀松疏散，但其奖善惩恶之效却非常确实，从来不会有任何的遗漏缺失。

【译文】

君王如果勇决果敢，自以为强梁盛壮而恣睢暴戾，就会步入死地；君王如果处虚守静，其无欲无为而柔弱不争，就会存活发展，成长壮大。这两种行为有的就获益而有的就受害，这是上天所厌恶和喜好的不同，有谁能明了其中的缘故呢？上天的原则和规律是：虽然其无为不争却往往能够取得胜利，虽然其虚静不言却往得到恰当的回报，虽然其无欲不求却往往不用招徕就能够使民众归聚依附，虽然其不急不迫却能够谋划的十分周全。循守大道行事的自然有德，违背天道妄为的必定败亡。上天所编织的奖善惩恶的法网是那样恢弘广大，无边无际。虽然看似稀疏松散，但惩处那些违背天道的坏人坏事却从来不会有任何的遗漏或差错。

七十四章

若民恒且不畏死^①，奈何以杀惧之也^②？若民恒且畏死，而为奇者吾将得而杀之^③，夫孰敢矣^④？若民恒且必畏死，则恒有司杀者^⑤。夫代司杀者杀，是代大匠斫也^⑥。夫代大匠斫者，则希不伤其手矣^⑦。

【章旨】

此章有两层意思：一是用杀戮的办法恐吓镇压民众既没有必要，也没有作用，根本不符合清静无为的治国之道。二是若有违法犯罪而该处刑杀的，自然有主管机关司理其职，君王不该越俎代庖。总之，君王切不可严刑酷法，滥用刑杀。否则，必然会祸及自身。

【注释】

①若民恒且不畏死——假如民众总是并不畏惧死亡之事，假如民众从来都不惧怕被杀身死。若，假使，假如。恒，经常，总是。且，未定之辞。

②奈何以杀惧之也——用诛杀其身使他们惧怕又会如何呢？用杀戮来恐吓他们又有什么作用呢？奈何，如何，怎样。惧之，使之恐惧，使其惧怕。

③为奇者吾将得而杀之——意谓那些违法犯罪之人我就要抓捕并诛杀他们。为奇者，指那些做奇邪之事的人，那些违法犯罪的人。奇，或作

286

"畸"，邪伪不正。吾，此乃"道"即"天"之自谓，并非指君王。

④夫孰敢矣——那还有谁敢于作为那些奇邪之事呢？还有谁敢于违法犯罪呢？孰，谁，哪个；疑问代词。假使民众本来就畏惧死亡，而为非作歹都要被刑杀，那还有谁敢于"为奇"呢？当然，没有人"为奇"，也就用不着刑杀了。

⑤恒有司杀者——谓有人为非作歹时，总是有执掌刑罚的主管部门依法处罚。司杀者，指上天主管执法刑杀的机关。上天之司杀者居高临下司察人之过，天网恢恢，疏而不失，是不会有人漏掉的。

⑥代司杀者杀，是代大匠斫——意谓君王替代上天主管刑杀的职官去杀戮有罪之人，这就如同庸人替代木匠砍凿木头，那是不称其职的。匠，工匠，木工。斫，用刀砍，击杀。

⑦希不伤其手——很少有不会自伤其手的。此喻人君自任其能而代行天职，肯定只会把事情办坏。道家所论，主于无为不言而顺其自然，若君王不能无为不言而多欲有为，废天道而夺天职，滥用刑罚而杀戮民众，就必定会祸及己身。

【译文】

（人君治国，必不可施以严刑峻法而滥用诛杀。）如果君王以威权压迫强暴民众，使民众生不如死，那民众就会毫不畏惧于死亡，再想用刑杀去威吓他们又有什么作用呢？如果民众原本就爱恋生活而畏惧被诛死，而那些为非作歹的人将要全部抓获并把他们刑杀，那还有谁敢于违法犯罪呢？（没有人犯罪，还用什么刑杀呢？）如果民众总是爱恋其生而确实畏惧死亡，那就应该有上天之刑法机关主管其事，（根本用不着君王来诛戮刑杀。）君王代替刑法机关诛杀刑戮，这就等于代替工匠用斧头去砍凿。代替工匠去砍凿斫击，很少能有不自伤其手的。（总之，君王必须清静无为，切不可滥用刑杀。）

七十五章

人之饥也，以其取食逸之多也^①，是以饥。百姓之不治也^②，以其上之有以为也^③，是以不治。民之轻死也^④，以其求生之厚也^⑤，是以轻死。夫唯无以生为者^⑥，是贤于贵生^⑦。

【说明】本章许渊冲英译所据原文与上文差异较大，兹录如下：

民之饥，以其上食税之多，是以饥。民之难治，以其上之有为，是以难治。民之轻死，以其上求生之厚，是以轻死。夫唯无以生为者，是贤于贵生。

【章旨】

此章从分析君王的多欲有为造成了人民的饥贫、政治的混乱和民众的反抗等事入手，劝喻人君"少私寡欲"而无以生为，守虚处静以成天下自化。

【注释】

①人之饥也，以其取食逸之多也——指人们的饥饿乏食，生活困苦，全都因为人们所获取的食物经由各种途径大多都散失了。逸，读同"脱"，脱失，散失。

②百姓之不治——谓朝中百官不能尽其职责，忠于职守。百姓，

即百官，指贵族阶层。《尚书·尧典》："九族既睦，平章百姓；百姓昭明，协和万邦。"注云："百姓，百官。"不治，不安于职守，不尽职尽责。按：不治，王本、傅本并作"难治"，不治谓乱而不可治，难治谓可治而不易治，含义稍有区别。然详审老子之文，似作"不治"更为符合其本义。

③其上之有以为——指在上位的君王任智行私而贪求货贿。有以为，即有所为。指君王未能处虚守静而无欲无为。君臣之间，往往上行而下效。君王不能顺其自然而无私无欲，相反为满足其私欲而妄生事端，为所欲为，则群臣百官亦追逐私利而恣意妄为，故"百姓不治"。有以为，王本、傅本并作"有为"，盖脱一"以"字。其心有以为，其行方能有为，换句话说，君王之有为，皆因其心之有以为而不能虚静。

④民之轻死——谓民众不能安其所生而终其天年，遂看轻死亡而多有反抗。

⑤以其求生之厚——是因为民众要求其生活能够过得充裕富足一些。其，指民众。君王在上而有以为，百官又昏乱不治，民众多遭压迫剥削，饥饿无食而不能果腹，其要求生活得富足一些而不得实现，故轻死而不惧，奋起而反抗。魏源云："我自厚其生，则人亦各欲厚其生。人各欲厚其生而不得，夫安得不轻死乎？则是民之轻弃其生，由于生生之厚；而民之厚生，由于上之自厚其生，有以诱之而又夺之也。"

⑥无以生为——谓君王及百官不做什么事情以求生生之厚，不做什么事情来厚自奉养以求长生。为，做，求。不能清静无为而造生事端剥削民众以满足私欲，不能恬淡虚静而奢侈靡费以厚自奉养，皆为君王贵生、生生之事。

⑦贤于贵生——贤，用作动词，好于，多于，胜过。人君因"贵生"而厚自奉养，内则贪求嗜欲而自戕其身，外则剥夺民众而激起变

乱。因此，其少私寡欲而无以生为，反而贤于贵生。

【译文】

　　人们遭受饥饿而不得饱食，是由于他们所取得的食物通过各种途径脱失的太多，因此才使得粮食缺乏而其生活陷于饥饿困苦。百官之不治其事而政务烦乱，是由于君王不能循守无为不言之道，反而自贤自用，行私逞欲，因此导致了百官的各行其私而社会混乱。民众之所以不怕诛死而反叛作乱，是因为君王的剥削过重逼使他们饥寒切身而生存无望，即使要求自己生活的稍微富足一点也不得实现。所以就铤而走险，轻死犯上。因此，人君顺其自然、清静无为，不做什么厚自奉养以求长生的事情，反而能胜过其厚自奉养而得以长生。

七十六章

人之生也柔弱①，其死也䐴信坚强②。万物草木之生也柔脆③，其死也枯槁④。故坚强者死之徒也⑤，柔弱者生之徒也⑥。是以兵强则不胜⑦，木强则兢⑧。故强大处下，柔弱处上⑨。

【章旨】

此章以人与草木等有生命之物活着时柔软而死亡后坚硬的现象，证明其"坚强者死之徒，柔弱者生之徒"的观点的正确性，劝喻君王守柔处弱，无为不争，以使自身永远"处上"，即保持其统治地位。

【注释】

①人之生也柔弱——指人们在活着的时候身体柔软灵活，屈伸自如。生，与"死"相对，指生存，活着。

②其死也䐴信坚强——指人死之后，其尸体挺直而僵硬。

③万物草木之生也柔脆——谓万物如草木等活着的时候柔软而脆嫩。

④其死也枯槁——指草木等物死后变得枯萎干硬。

⑤坚强者死之徒——谓天下万物凡强盛坚硬者，皆归聚为必死之类。徒，众，类，群。

⑥柔弱者生之徒——意谓凡万物之柔软弱小者才能生机勃勃，最有前途。以喻君王之柔弱处下、虚静无为者，才能生机无限。

⑦兵强则不胜——谓兵械若过分粗大沉重，则人们执握时即不能胜任。兵，兵械，武器。胜，胜任，能够承担。

⑧木强则兢——谓树木高大粗壮，就会挺直强硬。兢，坚强，坚硬。

⑨强大处下，柔弱处上——谓凡物之粗壮有力者（如树干）居于下方，柔嫩软弱者（如树枝）处于上位。此喻指君王身居民上，自当虚静无为，柔弱不争。

【译文】

人在活着的时候身体柔和软弱而有弹性，而死亡之后尸体就变得僵硬挺直；万物草木在活着的时候茎枝柔软而脆嫩，而死亡之后茎枝就变得干枯坚硬。所以说，坚强盛壮是归于死亡的一类，而柔嫩软弱是属于存活成长的一类。因此，兵器太过粗大了就非人力所能胜任而不可举动，树木粗壮高大了就会坚硬挺直而不可屈折。所以强大有力的总是居处于低下之位，而柔弱虚静的总是占据高上之位。（人君有鉴于此，自当循守大道而虚静柔弱，无为不言，以使自己永远居于尊上之位。）

七十七章

天之道，其犹张弓与^①！高者抑之，下者举之^②；有余者损之，不足者补之^③。天之道，损有余而补不足^④。人之道则不然，损不足以奉有余^⑤。夫孰能有余而有以取奉于天下^⑥？唯有道者乎！是以圣人为而不恃，功成而不处。若此，其不欲见贤也^⑦。

【章旨】

此章以"天之道"来比较"人之道"，认为"天之道"能均平无私，即"损有余而补不足"，而"人之道"则相反，往往"损不足以奉有余"，为满足私欲而损人利己。以此劝喻君王循守大道而虚静无为。

【注释】

①其犹张弓与——谓犹如搭箭拉弓使之开张而准备射出一样。张，张开，拉开。与，语助辞。

②高者抑之，下者举之——谓箭头抬得过高就要向下按压使之对准目标，箭头如果过低就要向上抬起使之对准目标。抑，压制，按压。

③有余者损之，不足者补之——指用力过大时就要减少一些气力以使弓弦不要拉得过紧。用力不足时就要增加用力以使弓弦拉紧一些。

抑之，举之以调整箭矢的方向，使之瞄准目标；损之，补之以调整弓弦紧张的力度，使之大小适中而能射中目标。此言天道均平无私，既无太过，亦无不及。

④天之道，损有余而补不足——谓天道无私，故能有余者减损之，不足者增补之，而使其均平。均平则能安，安则能久。

⑤人之道则不然，损不足以奉有余——谓人间所行之道，往往其穷困不足者反而益加减损，其富足有余者反而多多给予。奉，给予，奉献。君王既不能无私无欲，群臣百官又污贿贪求，往往剥削那些穷困之民，故言其"损不足以奉有余"。

⑥有余而有以取奉于天下——谓从自己的财物中取出那些多余的东西奉献给天下之人。

⑦其不欲见贤——谓明道之君不欲显示与炫耀自己的财富地位和权势。见，同"现"，显示，炫耀。

【译文】

上天所遵循的原则大概就好像开弓射箭一样吧！高了就往下压低一点儿，低了就往上抬高一点儿，用的力量太大了就减少一点儿，用的力量不足了就增加一点儿。就是说上天之"道"是减损那些有余的而补充不足的，使其能够均平适当。而人们所遵循的规则却不然，往往是剥削那些穷困不足的而供奉那些财产富裕的。有谁能够虽然富有却愿意拿出多余的财物奉献给天下之人呢？只有那些持守大道的人。因此那些明道之君总是顺乎自然以化成万物却不自恃有恩以求报答，虽然成就万物之功业却不自居其功而矜夸炫耀。他们总是如此这般行事，完全是因为不愿显示自己的财富地位和权势。

七十八章

天下莫柔弱于水，而攻坚强者莫之能胜^①，以其无以易之也^②。柔之胜刚也，弱之胜强也^③，天下莫不知，而莫之能行也^④。故圣人之言云："受国之垢^⑤，是谓社稷之主^⑥；受国之不祥^⑦，是谓天下之王。"正言若反也^⑧。

【章旨】

此章以水虽柔弱却能攻玉穿石为喻，重申柔弱胜刚强的道理。告诫人君必须守辱处下，虚静无为，才能成为"社稷主"，成为"天下王"。

【注释】

①攻坚强者莫之能胜——意谓水虽柔弱，而以之攻治玉石，则没有什么东西能够比它更好，没有任何一物能够超过它。攻，冲击，整治。古人以水冲击玉石使其晶莹剔透谓之攻玉。

②以其无以易之——谓以水之柔弱而能胜于刚强，若此之便利，无物可以替代它。以其，即以此，指使用水之柔弱而攻治刚强之物。易，换易，替代。

③柔之胜刚，弱之胜强——即柔弱胜刚强，此乃老子所倡之"道"的基本规律与循守大道的基本原则。

④天下莫不知，而莫之能行——谓天下之人虽然明知于此理，却没有谁愿意践行之。没有哪个君王愿意循守柔弱处下之道而居无为之事，行不言之教。

⑤受国之垢——指承受与含忍国家的垢辱。如君王常以孤、寡、不穀自称。垢，尘污，耻辱。

⑥社稷之主——国家的君主。社稷，指国家。社，本为封土立社以祭土神。稷，为五谷之长，因奉为谷神。古代帝王祭祀土神与谷神以为天下求福报功，因用以代称国家。

⑦受国之不祥——指承担国家的灾祸罪戾。如君王常以"万方有罪，罪在朕躬"为言。

⑧正言若反——即正话有如反说。合乎大道的正理，说起来却好像反语一样。指君王的居至尊之位而以卑下自处，虽有至德而以孤寡不穀自称。

【译文】

天下万物没有什么比水更为柔弱的了，然而用它来攻治坚硬的玉石却最为合适，没有什么东西能够超过它，因此也没有什么东西可以替代它。柔软之物能够胜过坚硬之物，弱小之物能够胜过强大之物，天下之人没有不明知此理的，可是却没有谁愿意依据这个原理而自处于柔弱。所以明道之君有这样的言语："能够自处于柔弱卑下之地而承当和忍受国家的屈辱，这样的人才是国家的君主。能够自处于柔弱卑下之地而承受国家的灾祸和罪戾，这样的人才是天下的帝王。"正面之言、正确之理却好像是反说一样。

七十九章

和大怨，必有余怨①，安可以为善②？是以圣人执左契而不责于人③。故有德司契④，无德司彻⑤。夫天道无亲，恒与善人⑥。

【章旨】

此章告诫君王要与人为善而报怨以德，不要为满足私欲而征责敛取于民。如果贪求责取，民众就会心生怨恨；怨恨已生再去调和，无论怎样都不会消弭干净而至于善美。

【注释】

①和大怨，必有余怨——谓怨恨已成之后，虽尽力调和，众人心中之怨必不能完全平复，而仍有一些怨恨余留心中。余怨，指遗留于心中的怨恨，留存在心中的不满情绪。

②安可以为善——怎么可以称作是善美呢？

③圣人执左契而不责于人——意谓明道之君无私无欲，无为不争，若执左契一般，从不责求于人，亦不与人生怨。契，券契，契约。犹如现今之合同文书。古人在订立契约时，将有关内容书之于竹木之上，刻其侧而为契，双方各执其一，待以后执行约定时两契相合以为凭证。古人以右为上，主权人执右契而责取于人，执左契者只待验证符合

而已。此言"圣人执左契，而不责于人"，既执左契，当然也就无权责取于人了。此乃以券契之事为喻，论述明道之君以虚静卑弱自处，不自为主而反自为客。既不责取于人而民众自然喜而往归之，归而无怨，焉能不善？

④有德司契——谓有德之君循守大道，无私无欲，处下不争，若执左契者而不责求于人。司，主管，执掌。有德，指明道之君。其持守大道而处无为之事，行不言之教，天下大治而人民爱戴之，所以说有德。

⑤无德司彻——谓无德之君则以聚敛财富满足私欲为事，有如司彻之官专门掌管征税赋取。彻，周代的取税之法。人君无道而行私，专以征收责取为务，民不聊生则怨恨四起，叛离背弃者众多，所以说无德。

⑥天道无亲，恒与善人——谓上天所遵循的原则是无亲疏不偏私，而只是善待并佑助那些有德之君。无亲，即无私爱，不私其亲。义同第五章之"天地不仁"。与，亲近，亲善。引申为佑助，善待。善人，即有德之君。其少私寡欲、虚静无为而使天下达于大治，众人皆以为善。

【译文】

（君王若行私多欲，必招致众怨。）待大怨已成，再去修好施善以求调和众怨，必不能和好如初而仍有余留的怨恨，这怎么可以算得上是完好无缺呢？所以明道之君总是像掌握着左券一样，从不去责求索取于人，因而也就没有人去怨恨他。因此有德的君王循守大道而无私无欲，有如只是掌管着契券以待验证符合而已。而无德的君王却为满足私欲，专主于征收责取。上天的原则是从不亲近、不偏私于任何人，它总是善待并佑助那些循守大道而无欲无为的有德之君。

八十章

　　小国寡民①，使有什佰之器而不用②，使民重死而不远徙③。虽有舟舆，无所乘之④；虽有甲兵，无所陈之⑤。使民复结绳而用之⑥，甘其食，美其服⑦，安其居，乐其俗⑧。邻国相望，鸡犬之声相闻，民至老死不相往来⑨。

【章旨】

　　老子厌恶当世的侵夺攻伐，战争不已，而向往着淳朴自然、安定和睦的社会生活。但他对于心中憧憬的这种未来社会并不能作出详实具体的描述，并且担心人们不相信会有这种美好生活，因此就追述了远古时期淳朴和谐的社会生活情景以为证明。这与《论语》《孟子》中称述尧舜禹汤等圣人之事，用意正同。

【注释】

　　①小国寡民——特指远古时期的社会，即今言原始社会中部落氏族时期的生活状态。小国寡民，虽称名为"国"，并非真如后代的建国立制而形成为国家的社会形态。《庄子·胠箧篇》云："昔者，容成氏、大庭氏、伯皇氏、中央氏、栗陆氏、骊畜氏、轩辕氏、赫胥氏、尊卢氏、祝融氏、伏羲氏、神农氏。当是时也，民结绳而用之。甘其食，美其服，乐其俗，安其居。邻国相望，鸡狗之音相闻，民至老死而不相往来。若此之时，则至治已。"所言与老子此处文字相似，均为道家述古之辞。

②使有什佰之器而不用——假使有效能十倍百倍于人力的器械，也都弃置不用。什佰之器，指十倍或百倍于人力的工作效能的器械工具。

③使民重死而不远徙——假使民众受到死亡的严重威胁，数死而不能生存，也不会迁徙他乡。重死，数死，多死。犹如死而复死，以喻面临死亡威胁之甚。徙，迁移，躲避。指迁移他乡以避死求生。

④虽有舟舆，无所乘之——谓即使有舟船、车舆一类高效能的器械，也没有谁去驾乘使用。无所，没有谁，没有什么人。

⑤虽有甲兵，无所陈之——谓即使有坚甲锐兵一类利战的武器，也没有什么人操执使用。陈，排列，摆开。此指握持兵器排列战阵。

⑥使民复结绳而用之——假使让民众重新再回到结绳记事的时期过着古朴简易的生活。结绳，挽结绳子的疙瘩用它来记事。传说文字出现之前，古人用刻木结绳的办法记事。

⑦甘其食，美其服——谓民众亦心满意足而以为那些粗淡之食吃起来非常香甜可口，以为自己的兽皮草衣穿起来特别华美漂亮。甘，意动用法，谓以其食为甘美。美，意动用法，谓以其服为华丽。

⑧安其居，乐其俗——谓民众安居于其简陋之室而不知其苦，欢乐于其朴野之俗而不觉其鄙。

⑨民至老死不相往来——谓民众无欲无求，抱朴守拙，虽至老死而无所争，无所求。往来，指交易进退，各得所欲。

【译文】

太古时期，那些部族群落中生活的民众，假使有十倍甚至百倍于人力的工作效能的器具，也没有谁去使用它；假使环境极为恶劣甚至让民众无法生存下去，以至于经常遭受死亡的威胁，他们也不愿意迁徙他乡。即使有便利的舟船车舆，也没有谁去乘坐它；即使有坚固锐利的甲胄兵器，也没有谁去使用它。假使让民众再回到结绳记事的原始状态下生活，他们也会满足于自己的粗淡饮食而以为非常甘美，喜爱自己的兽皮草衣而以为特别华丽，安居于自己的石室草屋而无忧无虑，享乐于自己质朴的生活习俗而非常欢喜。他们乐天知命地过着自己的生活，近邻的部族互相间都可以望见，鸡狗鸣叫的声音互相间也能够听见，他们却直到老死也不相往来以求得利益，更不用说攻城略地的战争了。

八十一章

信言不美，美言不信^①。知者不博，博者不知^②。善者不多，多者不善^③。圣人不积^④，既以为人己愈有^⑤，既以与人己愈多。故天之道，利而不害^⑥；圣人之道，为而不争^⑦。

【章旨】

此章老子有两层意思：一是说自己所述虽然质朴率直，没有什么华美的语言，但却是诚实可信的。二是说君王要"为而不争"，千万不可居功自傲，矜夸自大。

【注释】

①信言不美，美言不信——谓诚信之言质朴实在，没有什么华丽的词语。而华美之言则往往缺少诚信。信言，诚实无欺的话语。

②知者不博，博者不知——谓真能明知于事要者，必专精熟识于其事而不务多闻博识；而多闻博识者亦必不能专精真知于其事。知，真知于事，指对事物有深入真切的认识。博，谓多闻博识。

③善者不多，多者不善——谓明道之君能守柔处下而无为不争，其言语行为从不自是自贤。而君王之自矜自大者，则必不能循守大道而成其善德。善者，即"天道无亲，恒与善人"之善人，指君王之明知于大道而能持守循行者。多，称扬、赞美之意。

302

④圣人不积——谓明道之君不积其功以自伐，不蓄其财以自贤。积，蓄藏，积存。

⑤既以为人己愈有——意谓君王在以功劳财富施与众人之后，而自己则益加有德。为，施予，赠予；同"遗"。为人，指施予众人，给予他人。与下"与人"义同。

⑥天之道，利而不害——谓上天所遵循的原则，只是惠及万物而无所妨害。利，指利益天下万物。

⑦圣人之道，为而不争——谓圣人所遵循的原则，就是恩泽施予他人而不争其功。为，同"遗"，给予、赠送。即七十七章所言"有余而有以取奉于天下"。

【译文】

诚信真实的话语总是质朴无华、实实在在，而浮华漂亮的话语则常常虚伪不实；有真知灼见的人从不追求广博宽泛的学问而无所专注，那些广收博览而无所专注的人也绝不会有真知灼见。持守大道而无欲无为的人从不夸矜自大，炫耀自我；而喜好炫耀矜夸的人也决不会无私无欲，虚静无为。明道之君从不贪求功绩与蓄积货财，拿这些货财馈赠帮助别人之后，自己反而拥有更多的恩德；拿这些功劳给予他人之后，自己反而得到更大的成就。因此说，上天所遵循的原则，是惠及万物而无所妨害；明道之君所遵循的原则，是施予帮助他人而无欲不争。

道德经

THEORY ON LITERARY TRANSLATION OF THE CHINESE SCHOOL

The theory on literary translation of the Chinese school owes its origin to traditional Chinese culture, including the Confucian and the Taoist school of thought respectively represented by *Thus Spoke the Master* and *Laws Divine and Human*.

It is said in the first chapter of *Laws Divine and Human* that truth can be known, but it may not be the truth you know, and that things may be named, but names are not the things. When applied to literary translation, this may mean that the theory on literary translation can be known, but it may not the unproven theory on the one hand, nor the scientific theory on the other, for neither literary translation nor its theory is science. As the names are not equal to the things, the translation cannot be equal to the original. As there is more difference than equivalence between the Chinese and the English language, the principle of equivalence can not be applied to the translation between them as between two occidental languages.

It is said in the last chapter of *Laws Divine and Human* that truthful words may not be beautiful and beautiful words may not be truthful. That is to say, there is contradiction between truth and beauty or between equivalence and excellence. A translation where equivalents are used may be called a faithful or truthful translation. When no equivalent can be found between two languages, the translator should make use of the best expressions or excellent expressions of the target language. That may be called theory of excellence.

In *Thus Spoke the Master*, Confucius said, "At seventy, I can do what I will without going beyond what is right." Professor Zhu Guangqian said that this has shown the mature state of an artist. I think it may also show the mature state of a literary translator. The literal translator has used the equivalents without going beyond the original in sound; the liberal translator has described the image without going beyond the original in sense; the literary translator has described the scene without going beyond reality. Not to go beyond the original is to be truthful or faithful, and the translator has reached the ordinary level of translation. To do what one will without going beyond the original is not only to be faithful but also to make his translation beautiful, in that case the translator has attained a higher level. To excel the original without going beyond the reality it describes is to attain the highest level.

What is literary translation? It is an art of solving the contradiction between faithfulness (or truth) and beauty. How to solve it? There are three methods, namely, equalization, generalization and particularization. When there is little or no contradition between truth and beauty, equalization or equivalents may be used. When there is contradction between them, generalization may be used to make the meaning clear, and particularization to make a deeper impression.

Confucius said in *Thus Spoke the Master* that it would be good to be understandable, better to be enjoyable and best to be delectable or delightful. When applied to literary translation, this principle means that an understandable translation is good, an enjoyable one is better and a delightful one is best. The ontology or theory of contradition between truth and beauty, the methodology or theory of equalization, generalization and particularization, and the teleology or theory of the understandable, the enjoyable and the delectable, all owe their origin to the Confucian and Taoist schools of thoughts.

But Confucius said less about what delight is and more about how to be delightful. In the beginning of *Thus Spoke the Master* he said it is delightful to acquire knowledge and put it into practice; In Chapter Six he told us how Yan Hui could find delight in reading though living in a humble lane with only a handful of rice to eat and a gourdful of water to drink; In Chapter Eleven, Zeng Xi told us his delight in an spring excursion. From these examples we can see Confucius' theory on delight or teleology, and his theory on practice or methodology. His theory is not scientific but artistic. Since literary translation is an art but not a branch of science, his theory can not only be applied to the practice but also to the theory of literary translation. As his theory has stood the test of time, it is as durable as scientific theories. A theorist on science who studies truth and the truthful should not go beyond what is truthful. A theorist on art or an artist who studies beauty and the beautiful may go beyond what is truthful and faithful.

The contradiction between truth and beauty in Chinese theory on literary translation has developed into a contradiction between equivalence and excellence. As Keats said, "Beauty is truth, truth beauty," we may even say beauty is a virtue, a kind of excellence. When we cannot find the equivalent, we may resort to generalization or particularization.

In short, literary translation is an art to create the beautiful.

This is the epistemology of the Chinese school. The contradition between truth and beauty or between equivalence and excellence is its ontology; the theory on equalization, generalization and particularization is its triple methodology; and the theory of the understandable, the enjoyable and the delectable or delightful is its triple teleology.

Xu Yuanchong
Oct. 2011

代后记：中国学派的文学翻译理论

　　中国学派的文学翻译理论源自中国的传统文化，主要包括儒家思想和道家思想，儒家思想的代表著作是《论语》，道家思想的代表著作是《老子道德经》。

　　《老子道德经》第一章开始就说："道可道，非常道；名可名，非常名。"联系到翻译理论上来，就是说：翻译理论是可以知道的，是可以说得出来的，但不是只说得出来而经不起实践检验的空头理论，这就是中国学派翻译理论中的实践论。其次，文学翻译理论不能算科学理论（自然科学），与其说是社会科学理论，不如说是人文学科或艺术理论，这就是文学翻译的艺术论，也可以说是相对论。后六个字"名可名，非常名"应用到文学翻译理论上来，可以有两层意思：第一层是原文的文字是描写现实的，但并不等于现实，文字和现实之间还有距离，还有矛盾；第二层意思是译文和原文之间也有距离，也有矛盾，译文和原文所描写的现实之间，自然还有距离，还有矛盾。译文应该发挥译语优势，运用最好的译语表达方式，来和原文展开竞赛，使译文和现实的距离或矛盾小于原文和现实之间的矛盾，那就是超越原文了。这就是文学翻译理论中的优势论或优化论，超越论或竞赛论。文学翻译理论应该解决的不只是译文和原文在文字方面的矛盾，还要解决译文和原文所反映的现实之间的矛盾，这是文学翻译的本体论。

　　一般翻译只要解决"真"或"信"或"似"的问题，文学翻译却要解决"真"或"信"和"美"之间的矛盾。原文反映的现实不只是言内之意，还有言外之意。中国的文学语言往往有言外之意，甚至还有言外之情。文学翻译理论也要解决译文和原文的言外之意、言外之情的矛盾。

《论语》说："知之者不如好之者，好之者不如乐之者。"知之，好之，乐之，这"三之论"是对艺术论的进一步说明。艺术论第一条原则要求译文忠实于原文所反映的现实，求的是真，可以使人知之；第二条原则要求用"三化"法来优化译文，求的是美，可以使人好之；第三条原则要求用"三美"来优化译文，尤其是译诗词，求的是意美、音美和形美，可以使人乐之。如果"不逾矩"的等化译文能使人知之（理解），那就达到了文学翻译的低标准，如从心所欲而不逾矩的浅化或深化的译文既能使人知之，又能使人好之（喜欢），那就达到了中标准；如果从心所欲的译文不但能使人知之，好之，还能使人乐之（愉快），那才达到了文学翻译的高标准。这也是中国译者对世界译论作出的贡献。

翻译艺术的规律是从心所欲而不逾矩。"矩"就是规矩，规律。但艺术规律却可以依人的主观意志而转移，是因为得到承认才算正确的。所以贝多芬说：为了更美，没有什么清规戒律不可打破。他所说的戒律不是科学规律，而是艺术规律。不能用科学规律来评论文学翻译。

孔子不大谈"什么是"（What?）而多谈"怎么做"（How?）。这是中国传统的方法论，比西方流传更久，影响更广，作用更大，并且经过了两三千年实践的考验。《论语》第一章中说："学而时习之，不亦说（悦，乐）乎！""学"是取得知识，"习"是实践。孔子只说学习实践可以得到乐趣，却不说什么是"乐"。这就是孔子的方法论，是中国文学翻译理论的依据。

总而言之，中国学派的文学翻译理论是研究老子提出的

"信"（似）"美"（优）矛盾的艺术（本体论），但"信"不限原文，还指原文所反映的现实，这是认识论，"信"由严复提出的"信达雅"发展到鲁迅提出"信顺"的直译，再发展到陈源的"三似"（形似，意似，神似），直到傅雷的"重神似不重形似"，这已经接近"美"了。"美"发展到鲁迅的"三美"（意美，音美，形美），再发展到林语堂提出的"忠实，通顺，美"，转化为朱生豪"传达原作意趣"的意译，直到茅盾提出的"美的享受"。孔子提出的"从心所欲"发展到郭沫若提出的创译论（好的翻译等于创作），以及钱钟书说的译文可以胜过原作的"化境"说，再发展到优化论，超越论，"三化"（等化，浅化，深化）方法论。孔子提出的"不逾矩"和老子说的"信言不美，美言不信"有同有异。老子"信美"并重，孔子"从心所欲"重于"不逾矩"，发展为朱光潜的"艺术论"，包括郭沫若说的"在信达之外，愈雅愈好。所谓'雅'不是高深或讲修饰，而是文学价值或艺术价值比较高。"直到茅盾说的："必须把文学翻译工作提高到艺术创造的水平。"孔子的"乐之"发展为胡适之的"愉快"说（翻译要使读者读得愉快），再发展到"三之"（知之，好之，乐之）目的论。这就是中国学派的文学翻译理论发展为"美化之艺术"（"三美"，"三化"，"三之"的艺术）的概况。

许渊冲
2011年10月

图书在版编目（CIP）数据

道德经: 汉英对照 / 许渊冲译. — 北京: 五洲传播出版社,
2018.1（2022.12重印）
（许译中国经典诗文集）
ISBN 978-7-5085-3894-5

Ⅰ.①道… Ⅱ.①许… Ⅲ.①《道德经》－汉、英 Ⅳ.①B223.1

中国版本图书馆CIP数据核字(2017)第323691号

道德经

译　　者：许渊冲
策划编辑：荆孝敏　郑　磊
责任编辑：王　峰
中文译注：辛战军
中文编辑：聂丽娟
英文编辑：马培武　杨贤茂
装帧设计：北京正视文化艺术有限责任公司
出版发行：五洲传播出版社
地　　址：北京市海淀区北三环中路31号生产力大楼B座6层
邮　　编：100088
电　　话：010－82005927，010-82007837
网　　址：http://www.cicc.org.cn http://www.thatsbooks.com
印　　刷：北京市房山腾龙印刷厂
版　　次：2012年1月第1版　2018年1月第2版　2022年12月第4次印刷
开　　本：140mm×210mm 1/32
印　　张：10.25
字　　数：280千字
书　　号：ISBN 978-7-5085-3894-5
定　　价：89.00元